関西学院大学研究叢書　第 272 編

Kant und das Zeitalter der Aufklärung

カントと啓蒙の時代

河村克俊

Katsutoshi Kawamura

関西学院大学出版会

カントと啓蒙の時代

河村克俊 著

Für Professor emeritus Dr. Norbert Hinske

ノルベルト・ヒンスケ先生に

はじめに

本書の意図は、一八世紀ドイツ哲学史の脈絡のうちにカント（1724-1804）を置き、このコンテクストのうちにみられ、この時代を特徴づける幾つかの概念を考察することを通じて、カント哲学、ならびにこの時代の思想的土壌をより明らかにすることにある。哲学者たちによって「最善世界説」が語られ、後の世紀から「啓蒙の時代」といわれるこの時代の通奏低音にあたるものを、カントならびに一八世紀ドイツ哲学の営みのうちに探ってみたい。また、そのことで「光」の世紀の内実について、その一端にでも触れることができればと考えている。

最初に取りあげるのは「充足根拠律」である。「充足根拠律」は、近代合理論を特徴づける原理だといえるだろう。G・W・ライプニッツ（1646-1716）がこれに矛盾律とならぶ重要な位置づけを与えたことをうけて、一八世紀のドイツではこの原理が事象の生成ならびに認識の成立を条件づける第一のプリンシプルとして繰り返し論じられることになった。この原理によれば、この世界にあるすべての事象には、それがなぜ存在しないのではなくむしろ存在するのか、またなぜあらゆる別のあり方ではなくまさに現前するようなあり方で存在しているのか、ということの理由が必ずあることになる。換言すれば、理由のないものは存在せず、すべてのものにはそのもののあることの理由が認められるわけだ。そして、存在する事象の全体であり、私たちがそこに生きる世界の生成についてもまた、何らかの理由があると考えられる。私たちがそれを決して直接見ることができず、触れることができないとしても、その理由となる何かが必ずあると考えるわけである。ライプニッツの思索を受容し、ドイツ語の学術用語の生成に大きく貢献することで、この時期の講壇社会にあって重要な役割を演じたChr・ヴォルフ（1679-1754）は、この原理を「［…］無から何かが生じることは不可能なので、存在するものはすべて、なぜそのものが存在するのかということの充足根拠をもつ。すなわち、なぜそのものが現実となりえたのかを理解することのできる何かが常にあらねばならない」と説明する。また、存在するものの全体としての世界の根拠であるものをヴォルフは「神」と名付けている。充足根拠律の担う重要な役割の一つは、経験的に検証することのできない対象について、そのものの実在性を論証することにあったと思われる。ヴォルフと異なり理性に対する意志の優位を説くChr・A・クルージウス（1715-1775）にも、充足根拠律を主題化する『根拠律論』（1743）のうちに同様の世界観を読み取ることができる。充足根拠律とは、世界内の事象についてだけでなく、世界そのものの在ることについて、その理由を論証し根拠づけるための道具として用いられる原理だった。世界には根拠があり、世界内のすべての事象に、そして私たちの存在にもまた、充足根拠があると考えるわけである。ではこの時代、学術に関心をもつ一般の人々は、この原理をどのように理解していたのだろうか。またそもそも、一部の学者にとどまらない多数の読者層に対して、この原理はどのように紹介され、論証されていたのだろうか。本書では当時の知を集大成し、広い層の読者に学術や思想を提供するJ・H・ツェードラー（1706-1751）の『万有事典』（全六四巻と補巻1732-1754）、そして加えて一八世紀の後半、哲学についての平易なテクストを複数上梓することで多数の読者を獲得したJ・G・H・フェーダー（1740-1821）の根拠律解釈についてもみることにする（第一章）。

教授資格論文『形而上学的認識の第一諸原理の新解明』（1755）でカントは充足根拠を、先行的決定根拠ならびに後続的決定根拠に区別し、前者を、事象連鎖のうちにあって先行する位置から当該事象を制約する根拠、後者を、その根拠によって規定される概念が既にどこかに定立されているのでなければ、定立されないような根拠とみなしていた。事象の生成には必ず何らかの根拠（生成根拠）があり、またそのものが生成したことの理由を示すもの（認識根拠）が必ずあると考えるわけである。これに対して批判期のカントは、経験そのものの可能性の制約となる条件を反省する脈絡で、この原理を主題的に扱っていない。ただ、『純粋理性批判』（[1]1781, [2]1787）の「因果性法則に従う時間継起の原則」と題された箇所で、わずかに触れるに止まる。後年、充足根拠律を再評価し、これを改めて事象生起の第一原理とみなすことになるA・ショーペンハウアー（1788-1860）は、カントは充足根拠律を因果律と同一視していた、と述べている。感性界と叡知界を主題化する『就職論文』（1770）でカントは、悟性概念だけによる認識の可能性を否定しなかったけれども、『純粋理性批判』ではこの可能性を否定し、悟性概念による認識の可能性を感性界に限定することになった。充足根拠律についても『純粋理性批判』の先の箇所でその妥当範囲が感性界に制限される。経験から採られたのではない純粋な概念もまた、感性的な所与がなければ決して対象の認識を生み出すことはできないというのが、同書の基本的な立場である。充足根拠律を含めた認識の成立に関するカントの立場の変化する経緯について考察する（第二章）。

批判期最初の倫理学書『人倫の形而上学の基礎づけ』（1785）の第一章冒頭に置かれ、無制限に善いものとされる「善意志」は、批判期とそれ以降のカント倫理学の出発点に位置するといえるだろう。善意志とは、自らのもつ行為原理が「定言的命法」に一致するような意志である。このような意志を私たちのうちに想定することから、批判期カントの実践哲学が始まるわけだ。では、この無制限に善なる意志という概念は、どのような経緯でカントのもとに生じたのだろうか。換言すれば、善意志はカントの思考のうちでどのような前史をもつのか。批判期以前のカントもまた、比較を超えた善きもの、無制限に善なるものについて少なくとも何らかのことを考えていたと思われる。そして、善の基準となる概念について考察するプロセスがあったに違いない。この点について理解するため、前批判期の講義録、メモ書き遺稿、著書執筆のための準備草稿などを資料に、そこに繰り返しみられる「ボニテート」概念を考察する。またそのうえで、批判期の善意志概念と比較する（第三章）。

意志が自ら行為法則を立てる、という考え方はカント倫理学を特徴づけるものの一つだといえるだろう。批判期の倫理学書では、意志の自己立法が経験的な一切の意欲の対象の性質から独立に行われることで行為の特殊な法則を生み出し、生み出された法則が私たちの行為選択を常に制約するものと考えられている。しかし、経験的な制約から独立に行為法則を立法するということで、何が考えられているのだろうか。この点を理解するために、経験的な次元で私たちの意志がどのような活動を行っているのかを振り返り、跡付けてみたい。また、個人のもつ主観的な行為規則である「格率」のもとにカントがどのような規則を考えているのか、またこの行為規則はどのように生み出されるのかということについても考察する。批判期のテクストを読むことから「格率」は、自分の行為選択を振り返ることではじめてそれと自覚することになる行為規則ばかりではなく、主体自らがこれを意識的に立てるということも考えられていたことが分かる。経験のうちでの意識的な自己立法である。またカントの提示する「格率」のうちに、個々の特殊な状況を前提に成立し、特定の行為を指示する格率と、特定の状況から独立に立てられ、具体的な行為を示唆することのない格率とが区別できることを、マリア・シュヴァルツの行った周到な研究のうちに確認する（第四章）。

『純粋理性批判』でカントは、無制約的な自発性としての自由（超越論的自由）は、自然の因果性と矛盾することのない特殊な原因性として考えることはできるが、しかしその実在性を積極的に論証することはできないと明確に述べていた。「純粋理性の二律背反」を論じる最後の箇所で、自分は「自由」の現実性だけでなくその可能性をすら論証しようとはしなかった、と振り返っている。またその理由として、単なるア・プリオリな概念だけによって、何かが実在することを認識し論証することは決してできないからだと述べている。したがって、例えば「原因性」という純粋悟性概念だけによって、端的な第一原因としての自由概念の実在性を認識すること、論証することは決してできないわけである。その後、『プロレゴメナ』（1783）や『人倫の形而上学の基礎づけ』（1785）では、この立場が踏襲されている。これに対して『実践理性批判』（1788）では、道徳法則のリアリティに基づいて自由概念の実在性が語られることになった。そこでは、純粋理性が私たちに求めるものとして、道徳的であることと幸福であることの両方が一致する状態としての「最高善」を最終目的とする倫理学の体系が提示され、いわばこの建築物の土台を成すものとして自由概念が語られている。そこでの叙述の特徴は、自由概念と道徳法則とを一体的なものとして語ることにある。カントによれば、重要な行為選択を迫られるとき、私たちは自ずと道徳法則を意識することになり、そのリアリティを自らのうちに感じることになる。換言すれば、道徳法則は行為選択に際して私たちの反省意識のうちに常に現在しており、命令という仕方で私たちの意志を制約することになる。そして、一切の経験的な制約から独立する自発性としての自由は、私たちがこの道徳法則のはたらきを自己のうちに自覚することを通じて、同時に与えられることになる。別の観点から考えてみよう。自由すなわち無制約的な自発性は、これを直接把握することは決してできない。これを把握するためには、無制約的なものがそれを通じて現れるところの何かが必要となる。そしてこの何かにあたるのが、ここでは道徳法則である。道徳法則は実践理性のうちに自らを命令として直接顕現する。この命令は一切の経験的制約から独立しており、経験に対して無制約的である。このことを可能にしているのが、経験的制約からの独立を意味し、無制約的自発性である自由に他ならない。無制約的な自発性は、経験的条件によって制約されていない命令である道徳法則を介して、自らを顕現する。より具体的に考えてみよう。行為選択を反省する脈絡で意識されることになる「きみは嘘をついてはいけない」といった心のうちなる理性の声ないし命令は、経験とは無関係に生まれる。経験は無条件的な命令ではなく、もしきみが何かを得たいのであれば――例えば、他者の信頼を得たいのであれば――といった条件のもとに何かを命令する。条件の付かない命令は経験から独立する命令であり、経験に制約されていない命令であるだろう。このような無条件的命令が可能であること、またこれに従うことが可能であること、このことのうちに自由が顕現している（第五章）。

『純粋理性批判』第一版（1781）の後、『人倫の形而上学の基礎づけ』（1785）出版までの間に、カントはそれぞれ「啓蒙」と人類の「歴史」について素描する二編の小さな論稿を『ベルリン月報』のために執筆している。そのうちの一つ『世界市民的見地からみた普遍史の理念』（1784）には、人類の歴史は人類による人類自身の啓蒙のプロセスであり、これを求めているのが自然であるという観点が描かれている。人類自身が意識する以前の次元で、人類が人類自身を啓蒙することを自然は意図していた、というのがこの論稿の基本的な観点である。そこには一つの明確な目的論的世界観を読み取ることができる。このテクストによれば、日々の生活のうちに私たちが不可避的に被る様々な苦痛は、私たちが他者とともに社会のうちにあって生き、そこにヒエフルキーがあり、私たちが相互に競争することを余儀なくされることに起因する。競争はエスカレートすれば暴力的な争いになるだろう。カントによれば、他者とともに社会のうちに生きることは、誰かが暴力的になることで他者を害するのでない限り、自身が怠惰に陥ることなく、次第次第に成長するためにどうしても必要となる不可欠の条件である。自らの現実を振り返るならば、他者とともに生きる以外の選択肢を私たちは決してもつことができないといえる。そして、私たちは一方で他者とともに生きることを求めており、時にはそこに大きな喜びを感じるのであるが、しかし他方では一人でいたいという潜在的な願望をも常に同時にもっているように思われる。どのようなあり方を選ぶにせよ、すべての傾向性を満足させることはできず、フラストレーションが残ることになるわけだ。また別の観点から社会のうちに生きる自身について省みるならば、自らのもつ希望や願望を現実のものとすることは、多くの場合かなり難しいといえる。ふつうに生活すること自体が困難であることが稀でなく、たとえ経済的に自立することができたとしてもその生活には常に苦しみが伴い、自らの求めるものは容易に得ることができず、潜在的に自分がもっていたかもしれない能力は開花することができないままに、時のうちに消え去っていくように思われる。周りを振り返るならば、基本的な人権が尊重されているはずの現代社会においても、様々な事情で十分学習する機会をもつことができず、自分のもつ潜在的能力を伸ばすことができないまま、社会生活を続けなければならない多数の人々がいる。世界に目を向けるならば、紛争や専制など、より決定的な理由で、そもそもふつうに生活する機会すら奪われている膨大な数の人々がいる。これに対して人類社会は、今のところなすすべをもたないようにみえる。また、技術の進歩は私たちの仕事をより精確にそしてより迅速にすることに役立ち、生活を便利にそして快適にすることに貢献している。しかし同時に、私たちの社会と個人生活に常に新たな課題をもたらしてもいる。技術を革新する広い意味での理論的な思考は常に進歩している。これに対して、革新された技術がもたらす影響を査定する反省的な思考、ないし理論に対する実践的な思考（実践理性）は、これに追いついておらず、何ら積極的なはたらきをしていないように思われる。そして、紛争、資源、環境など、困難な課題を担う世界が、よい方向へと変化する兆しは、今のところまったくみられない。けれども、これらの問題の解決を放棄するという選択肢は、私たちには与えられていないといえるだろう。生きようとする限り、私たちはこれらの課題を無視することができず、課題に向き合いながら生きていかなければならない。「私たち」とは、現在の私たちだけでなく、今後生まれてくる人々を含む、行為の主体となる「私たち」である。最終的には、誰もが安全で快適に、ふつうの生活をすることができ、自分の能力を開花させることのできるような社会が求められるに違いない。このような社会を現実のものとすることが、人類の人類自身に対する啓蒙の求めるものだと思われる。このような観点から人類史を描くのが『普遍史の理念』である。これは一つの明確な目的論的世界観を簡潔に描写する計画書だといえる（第六章）。

カントならびに一八世紀ドイツ哲学の研究者であるノルベルト・ヒンスケは、ドイツ啓蒙の担う主要理念として「プログラム理念」「闘争理念」「基盤理念」をあげている。プログラム理念とは、一八世紀のドイツ啓蒙が何を求めていたのかを示すものである。ヒンスケによれば「成年」「自分で考える」「完全性」などがこれにあたる。「成年」は「未成年」を前提とし、後者が準備期間を経て前者へと至ることがテーマとなる。有名な論稿『啓蒙とは何か』（1784）でカントは、未成年状態から脱するために必要なのは、当事者が既に悟性をもっているならば、決意と勇気をもつことだと述べている。ここで問うべきは、既に悟性をもっている、ということで何が考えられているのかということである。悟性をもつということは、重要な決定に際して自分のもつ基準で判断できるということであるだろう。当事者がこれを既にもっているのであれば、後は意志の問題となる。しかし私たちは、様々な状況にあって自分のうちなる判断の基準を常に信頼することができるわけではない。自分の判断基準をもつということそのものが、決して容易ではない課題だと思われる。また、「自分で考える」とは、自分がそこに生きる社会や、学校や家族などの他者から無意識の次元で受け容れている影響を意識化し、これをいったん中立化したうえで、改めて自分のうちなる何らかの基準に基づいてそれぞれのテーマについて吟味することであるだろう。そしてそのためには、真と偽や善と悪を判定するための何らかの試金石をもつことが求められる。しかし、実際のところこれもまたかなり難しい課題である。カント自身、大方の人々は生涯にわたって自ら考えることはできないだろうと記している。ここには「自分で考える」とはどういうことなのか、私たちは自分で考えていると思っているだけであって実際には自分で考えてなどいないのではないのか、というより根源的な問いへの端緒が示唆されている。いずれにしても「自分で考える」ことと「成年」となることとは、不可分の関係にあるといえる。

ヒンスケがプログラム理念としてあげる「完全性」は、ヴォルフ、A・G・バウムガルテン（1714-1762）、G・F・マイアー（1718-1777）など一八世紀ドイツの哲学者が自らの倫理学書で主題化した概念であり、その主旨は、理性はすべての人にこれを求めているということである。完全性は、自らの悟性をもち、自分で考えることのできるようになった主体が、さらにその先にもつ最終目的だといえるだろう。これら哲学者の省察のうちには、自己の完全性を追求するとともに、他者の完全性の追求をも同時に求めるという視点があった。決して到達することのできないところに自己の最終目的を置くことのうちに、この理念の特徴があるといえる（第七章）。

本書の最後に付論として、ドイツ語の学術用語の生成について素描することを試みる。ドイツ語にはギリシャ語やラテン語からの借用語ではない多数の専門用語がみられる。例えば「概念 Begriff/notio」「意識 Bewußtsein/conscientia」「恒久性 Stetigkeit/continuitas」などである。言語史家パウル・ピウによれば、一八世紀に生み出された多数のドイツ語ターミノロジーについて、その生成と普及に最も大きく貢献したのがヴォルフだった。日常生活で用いている自らの言語から生み出されたターミノロジーを多数もつことが、ドイツでの哲学の生成発展にとってその基盤となったはずである。哲学的思索を反省する脈絡でドイツ語の卓越性について語られることはあるが、その基盤となるドイツ語専門用語の生成については、これまで十分な研究がなされてこなかったといえる。ドイツ語のターミノロジーによる思索がどのような意味でそれ以外のヨーロッパの言語での思索と異なるのかということについて理解するためには、先ずはドイツ語固有の学術用語の生成について理解することが必要であるだろう。ヴォルフの著作、C・G・ルードヴィキ（1707-1778）によるヴォルフの用語の「ラテン語－ドイツ語」対照表（1735）、ヴォルフのドイツ語著作からH・A・マイスナー（1711-1782）が編纂した『哲学辞典』（1737）などを資料に、認識の成立に関わる幾つかの重要なタームについて、可能な限りそれらがもともとどのような意味で用いられていたのか、またそれぞれどのようなラテン語専門用語に対応するのかを素描する。

後注

1 Christian Wolff, *Vernünfftige Gedancken von Gott, der Welt und der Seele des Menschen, auch allen Dingen überhaupt* (DM), Halle ^{11}1751 (^{1}1719)§ 30; WW I.2.

カントと啓蒙の時代　目次

凡例

一、本書で使用した文献の主な省略記号は以下の通りである。

（一）カント以前の哲学者の文献、事典、辞書

BM: バウムガルテン『形而上学』（第四版）一七五七年、（第一版）一七三九年

De usu: クルージウス『根拠律論』一七四三年

DM: ヴォルフ『ドイツ語の形而上学』一七一九年

Mon: ライプニッツ『モナドロジー』（遺稿）

Théod: ライプニッツ『弁神論』一七一〇年

UL: ツェードラー『万有事典』一七三二―一七五四年

Wal: ヴァルヒ『哲学辞典』（第四版）一七七五年、（第一版）一七二六年

WW: ヴォルフ全集一九六二〜

書名の詳細は巻末の文献一覧で示した。

（二）カントの文献

AA: アカデミー版カント全集

Aufkl:『啓蒙とは何か』一七八四年

De mundi:『感性界と叡知界の形式と原理』一七七〇年

GMS:『人倫の形而上学の基礎づけ』一七八五年

Idee:『世界市民的見地からみた普遍史の理念』一七八四年

KpV:『実践理性批判』一七八八年
KrV:『純粋理性批判』（第二版）一七八七年、（第一版）一七八一年
KU:『判断力批判』一七九〇年
MSR:『法論の形而上学的基礎づけ』一七九七年
MST:『徳論の形而上学的基礎づけ』一七九七年
ND:『形而上学的認識の第一諸原理の新解明』一七五五年
Refl.: メモ書き遺稿
WA: ヴァイシェーデル版カント著作集

二、カントのテクストは、以下の全集、著作集を用いた。

Kant's gesammelte Schriften, hrsg. von der Königlich Preußischen Akademie der Wissenschaften (und ihren Nachfolgern) Berlin 1900ff.

Immanuel Kant. Werke in sechs Bänden, hrsg. von Wilhelm Weischedel, Darmstadt ^{6}1983 (^{1}1956-1964).

カントの著書からの引用は、ヴァイシェーデル版著作集に付された原典版（第一版：A、第二版：B）のページ数、ならびにアカデミー版全集のページ数を、省略記号とともに本文中にアラビア数字で示した。ヴァイシェーデル版に収録されていないテクストはアカデミー版のページ数のみ示した。原典版の記載のないテクストは、ヴァイシェーデル版のページ数を示した。『純粋理性批判』は、慣例に従い原典版のページ数のみ示した。カントの書簡、メモ書き遺稿からの引用は、アカデミー版全集により、ローマ数字で巻数を、アラビア数字でページ数を示した。また、メモ書き遺稿（レフレクシオーン）は、編者E・アディッケスによる整理番号を本文中で表記した。

三、ヴォルフ全集 Christian Wolff: *Gesammelte Werke*, hrsg. u. bearb. von Jean Ecole u.a., Hildesheim 1962ff. 所収の文献は、データの後にWWと記し、その後にローマ数字で部門を、アラビア数字で巻数を記した。

四、引用語、書名のスペリングは、現代とは異なる場合には原文に従って表記した。

第一章　ツェードラーの『万有事典』ならびにヴァルヒの『哲学辞典』にみる充足根拠律

はじめに

G・W・ライプニッツは、私たちの行う理性的な認識の第一原理として矛盾律と充足根拠律の二つをあげている。そして、生前出版された数少ない哲学書の一つに数えられる『弁神論』（一七一〇）でこの二つについて次のように述べている。「一つは矛盾の原理であり、これによって、互いに矛盾する二つの命題の一方が真であるならば他方は偽となる。もう一つの原理は決定する根拠の原理であり、これによれば、決定する原因または少なくとも決定する根拠がなければ、何事も起こらない。すなわち、なぜこのものは存在しないのではなくむしろ存在するのか、またなぜこのものは別様にではなく、まさに今あるような仕方で存在するのか、ということをア・プリオリに説明できるような何かがなければならないのである」。矛盾の原理すなわち矛盾律は、私たちの論理的思考を支える原理であり、正しい認識を行うに際して常にその基礎に置かれるべき原理である。また、ここで「決定する根拠の原理」と名付けられ、別のテクストでは「充足根拠の原理」と呼ばれる原理もまた、認識や推論に際してその基盤となる原理である。この二つの原理が、感性的に対象化できるものについてだけでなく、感性的に対象化できないものについての認識に際して、これを基礎づけるものだったと考えられる。換言すれば、感官の対象とならないもの、例えば「神」を認識するに際して、その推論の真理性を根拠づける原理として重要な役割を担っていたと思われる。[2] 矛盾律とともに根拠の原理は、合理的思考の根幹に位置する原理だといえるだろう。この原理はその後、クリスティアン・ヴォルフとその学派の哲学者だけでなく、彼らと論争を行ったピエティスト派哲学者や神学者たちにもまた受容されている。ライプニッツの影響下に哲学をはじめ、一八世紀前半のドイツ語圏で大きな影響力をもっていたヴォルフは、「〔…〕無から何かが生じることは不可能なので、存在するものはすべて、なぜそのものが存在するのかということの充足根拠をもつ」[3] と、この原理について説明している。では、この原理は哲学者や神学者を含む広い読者層の間でどのように受け容れられていたのだろうか。基準となるような解釈があったとすると、それはどのような解釈だったのか。またその際、誰の解釈が特に支持され尊重されていたのだろうか。こういったことを知ることで、合理論の時代といわれた当時の思想界の状況について、その一端を理解することができると思われる。以下では、一八世紀のドイツを代表する百科事典ならびに哲学辞典をテクストとして、この時代の根拠律解釈について考察する。

第一節　ツェードラーの『万有事典』

一八世紀の初頭、ドイツ語圏の大学では未だラテン語が主要言語だったようである。ヴォルフが形而上学を内容とする著書を一七一九（ないし一七二〇）年にドイツ語で出版した後、この世紀の三〇年代から五〇年代にかけてJ・C・ゴットシェート、Chr・A・クルージウスそしてG・F・マイアーらがドイツ語で「形而上学」や「倫理学」にあたる内容のテクストを刊行することになる。これと同時期に出版されるのが全六四巻からなるJ・H・ツェードラーの『あらゆる学問と技術・芸術に関する周到な大事典』（以下『万有事典』と略記）（Halle u. Leipzig 1732-1754）[4] である。この事典は神学、法学、医学など当時の学術に関する知識だけでなく、宮廷や官房について、また狩や山林、そして戦争と平和ないし講和といった事柄をも取り上げており、アカデミックな狭い社会を超えて一般の広い読者層に向けて様々な知をドイツ語で提供している。[5]また、この大事典がハレならびにライプツィヒで出版されていることは決して偶然ではなく、これらの町が当時のドイツで学術文化の発展の中心に位置していたことを示している。ライプツィヒはドイツで最初にドイツ語での講義が行われた大学のある町であり、ハレはその講義を行ったChr・トマージウスが大学の設立に協力するためにそこへと移り、ヴォルフがドイツ語で論理学や形而上学に関する著作を執筆することになった町である。ライプツィヒとハレは、確かにドイツ啓蒙の「中心」[6]に位置している。

さて、『万有事典』の第六四巻（1750）[7]には「充足根拠律」という項目があり、最初に以下のような説明がみられる。「充足根拠律は、人間の認識の二つの第一原則（原理）のうちの一つであり、次のことを意味するとされる。すべてのものは、なぜそのものが存在し、なぜ別様にではなくそのように存在するのかという、充足根拠をもつ、と」（UL Bd. 64, Sp. 395）。これはこの項目の導入であり、既に定着している説明を繰り返したものに他ならない。ちなみにもう一つの「第一原則」とは、「矛盾律」である。そして、これに続いてテーマごとに表題を付された詳細な説明が続く。「この命題の正しい理解」と名付けられた箇所には、次のような説明がみられる。「充足根拠律は、これを正しく理解しようとするならば、存在するものはすべて充足根拠をもつ、と表現できる。あるものは、ただ可能的にあるだけなのか、それともまた現実にもあるのか、いずれかである。それゆえこの命題は可能なものにも、現実的なものにも妥当する」（UL Bd. 64, Sp. 395）。ここではこの原理が現実に存在するものだけでなく、可能的な存在者にも妥当すると説明されている。可能的なものとは、一般にその概念が矛盾を含まないものであり、そのものの内なる性質が矛盾をもたないようなものである。したがって「丸い三角形」や「黒い白鳥」は、そのものの内なる性質に矛盾が認められるので、可能的なものから除外されるだろう。そのうえで、残った可能的なもののうちの一部のものが現実的となる。この項目にはさらに以下の文が続く。

充足根拠は〔…〕先行する特別な何かのうちに見出される。それは事物自身のうちに見出されるか、それとも事物以外のものに見出されるか、いずれかである。前者は（一）すべての可能的なものについて、その内的な性質が矛盾をもたないということのうちにその可能性が求められる。そして、（二）そのもの自身の本質が充実することから存在するはずのものは、自立的に現実存在する。〔これと反対に〕〔…〕そのものの充足根拠が当該事物の外部にあるものは、自立的な存在以外のすべてのものであり、〔このものについて〕なぜ、そしてどのようにしてこのものは現実となったのかについて理解することができる〔理由となる〕ものが、常に当該事物の外部にある。前者〔すなわち自立的な存在〕は必然的なものと呼ばれ、後者は偶然的なものと呼ばれる。この充足根拠律があらゆる種類のものに妥当するのかどうか〔…〕を理解するために、私たちは〔充足根拠律の〕頻繁な使用のうちにこれを考察するのだが、〔私たちはとりわけ〕根拠を自己自身のうちにもつのではなく、自己の充足根拠を自分以外のところに求めねばならない事物を考察する。というのもこれらの事物は、（ア）現実的であり、しかも（イ）偶然的な事物だからである。したがって充足根拠律は、主に現実に存在しており、そして〔自立的・必然的にではなく〕偶然に存在している事物に適用される。ヴォルフ氏が彼の『ドイツ語の形而上学』パラグラフ三〇でこの点について明確に述べている（UL Bd. 64, Sp. 395f.）。

「事物自身のうちに見出される根拠」という表現は、事物の領域すなわち延長するものの領域と思惟するものの領域の区別を、つまり実在的なものと理念的なものの領域とを截然と区別する視点を想起させる。実在的なものないし延長するものと、理念的なものの領域を分けたうえで、事象生起について考えるというデカルト的な二元論の基本的な観点をここに確認することができるわけだ。そのうえで、事物の可能性がそのものの「内的な性質が矛盾をもたない」ことに求められている。先にみた「丸い三角形」や「黒い白鳥」は、そのものの内なる性質が矛盾をもつので、可能的なもののリストから除外される。

このテクストにみられる「偶然的なもの」とは、私たち自身を含む一切の現象する事物を意味する。現象するすべての事物は、自らの在ることの根拠を自己の外部に、そして一般には自己に先立つもののうちにもつというのが、ヴォルフをはじめとするこの時代の哲学者の共通理解だった。これに対して、自らの在ることの根拠を自己自身のうちにもつものとは、自己原因的なものであり、例外的な存在者に他ならない。ライプニッツやヴォルフのもとでは、自己原因性は「神」にのみ認められた。それ以外のすべての事象は偶然的な存在者であって、自己に先立つもののうちに自らの存在することの根拠をもち、それぞれがそれぞれに先立つもののうちに充足根拠をもっている。そして、その根拠の連鎖の始源のところに想定されるのが、それ自身は自らの外に根拠をもつことのない第一の存在者であり、あらゆる事象の充足根拠である第一原因としての「神」である。偶然的な事物を認めるこの事象解釈は、偶然なるものを一切認めず、すべての事象が必然性をもつとみなすスピノザ主義に対するアンチテーゼに他ならない。すべての事象が充足根拠をもつが、しかしそれぞれの事象は決して絶対的な必然性をもつわけではなく、現実にそうあるのとは異なるあり方が可能であるというのが、ライプニッツの世界観である。スピノザ主義に認められる決定論は、現実世界を唯一の可能世界と考えることに基づき、他のあり方の可能性をすべて否定することのうちに成立する。ライプニッツはこれを「形而上学的な必然性」（Théod III, § 288）と名付け、誤った解釈として否定している。そして、現実世界を無数にある可能世界の一つであると考える視点から、ライプニッツは現実の事象について別のあり方の可能性を、したがって偶然性を認めることになる。ある事象は、この世界では他ではありえないという仕方で生じているが、この世界とは異なる別の可能世界を想定すれば、そこでは別様に生じたと考えることができ、必然性は相対化できる。例えば、先行する時間のうちにみられる諸々の事情により、「眼前のボールペン」は今ここにある。しかし、何らかの事情の違いにより、別の場所にあることもできただろう。つまり、この世界では今ここにあるけれども、この世界とは異なる可能世界では別の場所にあることもできたわけだ。このように解釈することから、現実世界での出来事の連鎖のもつ必然性を相対化することができる。ライプニッツはこのように複数の可能世界を想定することで、スピノザ的な決定論を否定する。

またこの項目の末尾で言及されているヴォルフの『ドイツ語の形而上学』には「充足根拠律」の定義がみられる。[8]この項目にはさらに「充足根拠律を人間による認識の原則とみなすべきことについて」という見出しのもとに、以下の文が続く。

なぜなら充足根拠律は、ひとがものの充足根拠を探し、それについての認識を求めるに際して、役立つはずであるから〔充足根拠律を人間による認識の原則とみなすべきである〕。したがって、充足根拠律は一つの原則に相応しく、認識の根拠だと認めることができる。というのも認識の原則とは、それによって他のものが認識されうるような命題に他ならないからである。カール・ギュンター・ルードヴィキは彼の論文『人間による認識原理の真理と誤謬について』（ライプツィヒ一七三一年）パラグラフ 五四において、充足根拠律が人間の行う認識の第一根拠の一つであり、原則であることを周到に証明した（UL Bd. 64, Sp. 397）。

ここでは充足根拠律のもつ認識根拠という役割が強調されている。認識の充足根拠律が特に重要視されているわけだ。ここで充足根拠律には、私たちが対象を認識するに際して必ず役立つ認識の道具立てという性格が与えられている。これに対して、この項目には作用因ないし実在根拠とその役割について特に積極的に述べる箇所はみられない。また、ここで編者ルードヴィキが自らの論文に触れている。壮大な計画のもとに刊行が始められたこの『万有事典』の編集の仕事をツェードラーから受け継いだのが、ルードヴィキだった。バイオグラフィーの著者ミヒャエル・アルブレヒトによれば、ルードヴィキは一七三八年刊行の第一九巻から最終巻である第六四巻、ならびに補遺四巻に至るまで、編者として刊行に携わっただけでなく、哲学に関するほぼすべての項目を自ら執筆している。[9] ルードヴィキが同事典成立に関する功労者の一人であることは間違いない。さて、この引用箇所で主題化されている認識の充足根拠律は、クルージウスが根拠律を幾つかに分けるに際して「認識の充足根拠律」と名付けるものに対応する。また、後年若きショーペンハウアーは、同じく充足根拠律のうちに「四つの根」[10]を認め、その一つを「認識の充足根拠律」と名付けており、それがここでの根拠律に対応している。『万有事典』の同項目にはさらに名称の由来について以下のような記述がある。

〔…〕この命題は充足根拠律と呼ばれ、この名称が次第に広まった。ライプニッツ氏は当初この命題を決定根拠律と名付けた。その理由は、なぜある事物が無いのではなくむしろ在るのか、なぜ別様にではなくむしろ現にある様に存在するのかが、この根拠律によって構成され規定されるはずだからである。まさにこの根拠律によってある事物にそのものの正しい限界が規定され、そのもののあり方ならびに状態のうちに、それが唯一つのものであると認められることになる。〔…〕けれども一部の人々が決定という言葉から必然性を引き出そうとしたので、この語を避けて、〔…〕最初の語を、つまり充足根拠を用いるようになった（UL Bd. 64, Sp. 397）。

この原理の名称については、一八世紀の四〇年代にクルージウスがこれを「充足根拠律」と呼ぶことに反対し、事柄に即して「決定根拠律」と呼ぶべきことを明確に主張していた。この項目の執筆にあたってルードヴィキはクルージウスの解釈に目配りをしていたと思われる。クルージウスの『根拠律論』はラテン語版が一七四三年に、その後ドイツ語版が翌一七四四年に、そしてその改訂版が一七六六年に出版されている。[11] カントもまた『新解明』（1755）でクルージウスならびにその根拠律解釈に繰り返し言及している。[12]『万有事典』のこの項目でもライプニッツやヴォルフとともにクルージウスの名前がみられ、このテーマについての出版目録に『根拠律論』の一七四三年版ならびに一七四四年版への言及がみられる。このような事情からは、クルージウスの著書が充足根拠律に関する反省の脈絡で一定の評価を得ていたことが分かる。

次に、ルードヴィキは充足根拠律の「証明」について述べている。

私たちはしかし、この命題の証明について考察しなければならない。ライプニッツ氏自身はこの命題の証明を試みなかった。彼はしかし、経験がこの命題を自ずと明らかにすると、またあらゆる考察において、充足根拠が欠けているような事例は決して存在しないとみなす。またヴォルフ氏もラテン語の存在論でこの点について確認している。そして充足根拠のない事象があるかどうかを確かめるために、可能な限りの努力を惜しまなかった。〔彼によれば〕あらゆる事例にこの原理が認められることが明らかになった。〔…〕ライプニッツ氏はこの命題を証明しなかったけれども、ヴォルフ氏がこれを行った。〔…〕なぜあるものが存在するのかを私がそれによって知ることのできるような何かがいつもあるか、もしくはそのようなものが無いか、いずれかである。もしそのようなものが無い〔無である〕ならば、矛盾が起こる。というのも、無はいかなる内容をももたないのであるから（UL Bd. 64, Sp. 397-398）。

ここでルードヴィキは、充足根拠律の証明を行ったのがライプニッツではなくヴォルフであることを強調している。ヴォルフは、無から何かが生じることはありえないので、生起する事象は常に無ではない何かから生じると説明している。無からは何も生じない、したがって出来事は必ず何らかの原因をもつ、という充足根拠律の中心にある命題が、繰り返し言葉を換えて述べられているわけである。

以上にみた『万有事典』での記述から、当時この原理がどのように理解されていたのかについて、複数の側面から理解することができるだろう。ここにみる根拠律解釈の特徴は、事象理解に際してこの原理が必ず役立つとみなされ、その役割が強調されていることである。

第二節　ヴァルヒの『哲学辞典』にみる「根拠」と「充足根拠」

一.「根拠」

現在入手可能なJ・G・ヴァルヒの『哲学辞典』（全二巻）[13]には、初版（1726）に記述されていた箇所と、一七七五年に新たな編者であるJ・Chr・ヘニングスによって書き加えられた箇所をみることができる。改訂版で新たに附加された項目ならびに文書は、カギ括弧で括られている。同じ項目について、オリジナル版の記述と、それから約半世紀を経て加筆された箇所を読むことができ、二つの記述を直に比較することが可能なわけだ。「根拠」についても、初版ならびに改訂版での記述がみられ、半世紀の隔たりのある二つのテクストを相互に見比べることができる。先ず初版では「根拠」が「建物の基層」などフィジカルな意味で、また心の動きを引き起こす「原因」として捉えられている。また、特定の認識に際して「原理」という意味で用いられることも示されている。「根拠」は、基層ないし基盤であり、原因ないし原理の同義語となることが、ここでのテクストから読み取れる（以下を参照。Wal I Sp. 1841f.）。また同項目の改訂版には、以下のような説明がみられる。

最近の哲学者たちは根拠という言葉で、古代の哲学者たちが原理や原因と表現していたことを考えている。したがって根拠はまた原因と原理に分けられる。これらの項目を参照されたい。ここで私はただ最も重要なことについてだけ言及する。根拠一般とは、あるものが別様にではなく現にあるような性質のものとしてあり、またどのようなわけでそのものが他でもなく現にあるような性質のものとしてあるのかが、それによって認識できるようなものである。これは（認識根拠、理念的根拠…と名付けられている）事物を認識するための根拠であるか、または（実在根拠、事象的根拠…と名付けられている）事物そのものの根拠であるか、いずれかである。前者は何かが現存在するとき、それから私がある事物の性質を推理することのできるときに生じる。なるほどこの根拠はそれ自身で、また私の認識の外部で、事物そのものを形成することができず、また生じさせることもできないのではあるが。例えば春に鳥が歌いはじめ、蛙がゲロゲロ鳴き始めるとき、そのことから私は、木々がまもなく芽を吹きだし緑にもえることを理解し推理することができる。しかし鳥が歌い始めることが木々の芽を吹き出させるわけではなく、温暖であることや大地の水がこれを生み出すのである。同様にまた世界の偶然性と性状とが、神の現実性と現存在についての認識根拠である。しかし後者ないし実在根拠は私の理解とは無関係に、その事物が別様にではなく現にあるように作用し生み出すものについて名付けられている。それゆえ温暖であることと水分とが、植物とその部分の構造と同じく、木々が芽吹くことの実在根拠である。〔…〕ここで注意すべきは、実在根拠はどれもまた認識根拠であるが、しかしその逆ではない〔どの認識根拠もまた実在根拠というわけではない〕ということである。ヴォルフや近年多数の人々が主張するように、すべての事物が実在的ないし形而上学的な根拠をもつのかどうかについては、充足根拠の項目で取り上げる（Wal I Sp. 1842）。

ここでは「認識根拠」が「理念的根拠 idealer Grund」と言い換えられており、またこれとは異なる根拠として「事象それ自身の根拠」が「実在根拠 realer Grund」と換言されている。前者は、あるものの存在や性質を理解するための媒体となる根拠であり、後者は「私の理解とは無関係に、その事物が別様にではなく現にあるように作用し生み出す」根拠である。ここでの認識根拠ないし理念的根拠は、クルージウスが充足根拠律を四つに区分するに際して同じ名称（「認識根拠」「理念的根拠」）で提示する根拠に相当する。すなわち、クルージウスは自らの『根拠律論』で、認識根拠を理念的根拠と同定している。これに対し「事象それ自身の根拠」ないし「実在根拠」は、同じくクルージウスが「実在根拠」と名付ける根拠に相当する。クルージウスは実在根拠に二つの種類を認め、一方を「作用因」、そして他方を「現実存在の根拠」と呼ぶ。「作用因」とは、ある事象の別の事象への作用ないしはたらきかけを意味するものであり、ライプニッツのもとでも作用因と呼ばれたものに他ならない。[14]「現実存在の根拠」とは、認識主観からは独立に、それが事象連鎖のうちにあることを前提に、その根拠に対して名付けられるものに他ならない。クルージウスは、三角形を例にとり、二つの辺とその夾角は第三の辺に対する「現実存在の根拠」（Weg § 141, S. 255）であるとみなす。また「認識根拠」が「理念的根拠」であるのは、この根拠が実在世界のうちに見出されるに先立ち、認識主観のうちに既にあると考えられているからに他ならない。換言すれば「理念的」とは、先ず認識主観の思惟活動のうちに、悟性のうちに何らかの規則として既に前提されている、ということである。ここでの区分の背景にあるのが、延長するものの領域と思惟の領域を明確に分ける近代合理論の二元論である。クルージウスはこの思惟と延長の二元論を基盤として充足根拠律についての反省を行っている。

以上の考察からは、ヴァルヒの『辞典』の記述が、クルージウスの『根拠律論』にみられる基本的な区分を受容していることが分かる。また一七七五年の改訂版にみられる項目「根拠」の最後にみられる記述からは、この世紀の七〇年代にも充足根拠を解釈することが少なくとも哲学の主要な課題の一つだったこと、またその脈絡でクルージウスによる「実在根拠」と「理念的根拠（認識根拠）」という解釈の枠組みが受容されていたことが分かる。

二．「充足根拠」

この項目は初版にはなく、一七七五年の改訂版で新たに加えられたものである。そこには、以下のような記述がみられる。

私たちは『根拠』の項目で既に理念的根拠ないし認識根拠と、実在根拠との区別について説明した。ここではただ次の問い、すなわち、すべては完全な、ないしは充足的な根拠をもつのか否か、という問いについてだけ考えたい。周知のように最近は多くの人がこの原理を神聖視している。けれども既にバセドウが『汎愛主義』第二部三五五ページで、この原理が動揺しており、また規定されていないことを洞察していた。彼は次のように述べている。「充足根拠律は諸々の命題からなる。充足根拠律は、一．生起するものはすべて、ある原因によって生じる。二．現にあるものはすべて、何らかの意図から生じている。三．従属的な原因の系列は、悟性を一つないし複数の第一原因へと導く。四．人は自らの信念や〔…〕自らの推測を、適切な証明によって吟味すべきである。五．そして最後に、人は自らの行為を、熟慮され理性に適った動機に従ってなすべきである」〔以上、バセドウからの引用〕（Wal II Sp. 1715）。

ここには、主に一七七四年、デッサウの町に「汎愛学院 Philanthropin」を創設した教育者J・B・バセドウ（1724-1790）の著書にみられる記述が、充足根拠の説明のためのテクストとして引用されている。ここでの要旨は、長らく不可侵とされていた存在の第一原理である充足根拠をバセドウが批判しており、人間の行う活動についてはこの原理が必ずしも有効ではないということである。ここには自然の事象生起に関する言及はなく、フィジカルな原因と結果の関係をもつとされる必然性へのコメントはみられない。したがって、人為に関わることだけが批判されているといえる。この箇所には、以下の文が続いている。

この原則に対する私たちの見解は、（ア）理念的根拠ないし認識根拠については、すべてのものが根拠を、そして充足根拠をもつといえる。私たちは、次のように想定することができるだろう、すなわち、人が何かを意欲するならば、その根拠はそのものの本性と本質から、ないしはそれ以外の何かによって、即かつ対自的に理解できるしまた表象できる。なるほど人によっては事象の現存在を、ないしはその性質を、またなぜそのものが現にある様であって別様にあるのではないのかについて、よく理解することができないことがあるかもしれないが。ある何らかの事物を構成する本質ですら、その本来的な諸性質のうちに認識根拠をもつ。神は自らの認識根拠を世界の偶然性のうちにもっている等々。すなわち世界を考察することから充足的に、神、神の現存在そして神の完全性が認識されうる。（イ）これに対して、実在的根拠については有効な証明を与えることが困難である。すべてのものはそのものの充足的な実在根拠をもつ、ないしは私が想定するすべての事柄について、事物そのものとは異なる何かがあって、それによって人がその事物を認識することができるだけではなく、さらにまた私の認識に関わりなく、その事物が現にある様な仕方であって別様ではないのかが分かるような何かがある、ということを証明することは困難である。なるほどこの原理を裏付けるような多数の言説があるが、しかしどれも説得的ではない（Wal II Sp. 1715）。

引用箇所からだけでは、充足根拠律の何が「動揺」しており、「規定されていない」のか、読み取ることが難しい。四と五の例に即するならば、バセドウは判断や行為に関する決定論的な根拠律解釈を誤りとみなし、すべてが先行する状態によって決定されているのであれば、自らの信念や行為の動機を反芻することはもはや意味を失うと考えているようである。

また、私たちが認識することのできない実在根拠について、これを無条件に認めることに対してヘニングスは異議を唱えている。すなわち、「私たちの認識に関係なく」何かがある、ということに対する批判である。これに対して目的に関わる認識根拠については、その一般性を承認する。すなわち、「人が何かを意欲するならば、その根拠はそのものの本性と本質から、ないしはそれ以外の何かによって、即かつ対自的に理解できるしまた表象できる」とされる。行為に関わる充足根拠は、当該対象の本質から、またこれと当事者の関係性のうちに、明らかになると考えられているわけだ。また、（ア）の最後の箇所では、偶然的な存在者のあることから、偶然的ではないもの、必然的な存在者としての「神」が認識されうると述べられている。この推論は、充足根拠律の担う重要な役割だったに違いない。[15] そして（イ）で、すべての事象が実在的な充足根拠をもつわけではない、というヘニングスの批判的テーゼが述べられる。この点について、後続箇所でA・G・バウムガルテン、マイアー、J・G・ダリエスの根拠律解釈を引用しつつ、さらに論じられる。最初に取りあげられるのはバウムガルテンである。

A・G・バウムガルテンの行った証明には、以下のような方法が採られている。生起することはすべて、充足根拠をもつか、または充足根拠をもたないか、いずれかである。後者の場合には、生起したことの充足根拠は一つの無である。しかし充足根拠はある何等かのものであるので、何ものかが無であることになり、意味をなさなくなってしまう。したがって、すべてのことは自らの充足根拠をもたねばならない（註、というのもバウムガルテンによれば「無」という言葉は、不条理、不合理、不可能なものを意味するのだから）（**Wal II Sp. 1716**）。

以上のように、ヘニングスはバウムガルテンによる充足根拠の論証を敷衍している。出典は記されていないが、『形而上学』の「存在論」第七パラグラフでの論証である。そこでバウムガルテンは、「無」とは「不合理なもの、考えられないもの、不可能なもの、撞着するもの（不条理なもの）、矛盾を含むものないしは矛盾へと導くもの、矛盾するもの。Aでありかつ非Aであるもの」（BM § 7）と述べている。哲学辞典の引用箇所は、無からは何も生じない、すべてのものはなぜそれが生じなかったのではなく、むしろ生じたのかを説明するような根拠をもつ、という根拠律の基本テーゼを表現を変えて繰り返したものに他ならない。ヘニングスはこの箇所に対して、何かをもたないということがなぜ不合理となり、また「無」となるのか、と問う。何かをもたないということは必ずしも不合理ではなく、また「無」をもつことにはならないだろう。では、バウムガルテンは何を念頭に置きつつこのような論を提示するのか。言い換えるならば、「無」を不合理、ありえないこととみなす視座の背景に何があるのか。バウムガルテンは、「無」とは事象連鎖からなる世界のうちにあって間隙、裂け目、すきま等を意味するものであり、これを認めることで事象連鎖のうちに欠如、空所が生じ、事象間に「飛躍」（BM § 386）が認められることになるが、そのようなことは実際にはありえない、と考えている。「無」は、ありえないもの、矛盾するものであり、これを認めることで現実世界の秩序が崩れるようなものである。彼によれば「無」が不合理であるのは、それが事象連鎖の連続性という現実世界のあり方のもつ前提に抵触し、この前提を廃棄するものであるからに他ならない。この点については、合理論の考え方に基づく正当な事象解釈だといえる。

次に、バウムガルテンの同僚であり、弟子であるマイアーが取り上げられる。

ハレのG・F・マイアーは以下のように推論する。可能なものはすべて想像できる、ないしは表象できるものであり、そして理解できるものである。したがって、それによって〔この可能なものが〕適切にまた充足的に表象され、また把握されうるような何ものかが存在しなければならない。またそれゆえ、すべての可能なものは充足根拠をもつ（Wal II Sp. 1716）。

この引用文によれば、可能なものすなわち概念として自己矛盾を含まず、その在ることが想像できるものは、それが可能であることについての十分な根拠をもつ。実在するものは可能なものに帰属するのであるから、可能なものと同じ根拠をもち、さらに加えて実在することの根拠をもつはずである。この根拠は、引用文では「認識根拠」と区別されているので、クルージウスの分類に従えば「実在根拠」であるだろう。引用文によればマイアーは可能なものすなわち、それが実在することが理性に反するのではなく理に適っているものについて、充足根拠をもつとみなしている。『形而上学 第一部』（1755）でマイアー自身は「可能なものはすべて一つの根拠をもつ。ないしは何かがあるならば、なぜそれがあるのか、なぜそれが他のあり方でなく、まさに今あるような仕方であるのかを説明するものがあるはずだ。これが有名な、また論争の的である原則であり、これについて学者たちの解釈は一致を得ることができないでいる」[16]と述べている。バウムガルテンの解釈が身近なモデルとしてあり、また恐らくはクルージウスの根拠律論を視野に置きつつ、当時の状況をマイアーは「可能なもの」についての根拠律が「論争の的」であり、この原理について「学者たち」が「解釈の一致を得ることができ」ずにいると述べているわけである。ヘニングスが取り上げる第三の哲学者は、ダリエスである。ヘニングスによれば、ダリエスは次のような証明を行った。

ダリエスは自らの著書『哲学閑話』[17]で、あらゆる事象についての実在的ないし形而上学的な根拠を証明しようとして、次のようなきわめて疑わしい論証を行った、すなわち、世界内にあるすべてのものは、不可能なものであるかそれとも可能なものであるか、いずれかである。もし後者であるならば、単に可能なものであるか、それとも何らかの現実的なものであるかいずれかである。これらすべてのもの、すなわち単に可能なだけのものと現実的なもの、そして不可能なものは、ただ私たちの認識のうちで相互に異なるだけであるのか、それともそれ自身相互に異なるのか、いずれかである。第一の解釈については誰も弁護していない。したがって第二の解釈であるはずだ。それゆえ私たちの認識とは無関係に、これら三種の客体が相互に異なることが確定されねばならない。ないしはそれらがほかでもなく現にそのようにあり、したがって実在根拠があらねばならない（Wal II Sp. 1716）。

ここでは事象一般が、不可能なもの、単に可能なもの、そして現実のものという三種に区分されている。そのうえで、それらは私たちの認識のうちで（主観的に）互いに異なるだけでなく、それ自身で（客観的に）異なり、したがって、そのことの根拠（実在根拠）があるはずだとされている。ここでの論証は、実在根拠の妥当性ないし有効性を証明するためのものであり、不可能なものとは、実在根拠ないし作用因が欠けているものであると解釈できる。単に可能なものとは、その概念が矛盾を含まないが、しかしそれが現実化するための別の条件を満たすことのない事象であるだろう。不可能なもの、単に可能なもの、そして現実的なものという区別が私たちの認識のうちにのみ、つまりただ概念としてのみあるとは考えられないので、この区別を事象間に与える実在根拠があるはずだというのが、ここでの論述の主旨である。ヘニングスはこの論証に対して満足していない。

「この論証から帰結するのはただ、それぞれの客体は自ら固有の本性をもち、この本性によって他の客体から区別されるということだけである。しかし決してこのことから、何か特殊なものがあり、〔…〕諸客体を他でもなくまさに現にあるようなものに成しているということが帰結するわけではない」（Wal II Sp. 1716f.）。ここでその在ることが疑われているのは、ある何らかの客体を他でもなく今まさにあるようなものとして制約しているはずの実在根拠であり作用因である。また事物の本性、すなわちそれぞれの客体がもつ自ら固有の本性について、それは実在根拠ではなく認識根拠であるとみなされる。事物の「〔…〕諸性質とは、本質的で構成的な諸特徴から結果するものである。それは事物が他でなくまさに現にあるようなものに構成するものではない。諸性質は事物の認識根拠であり、実在根拠ではない」（Wal II Sp. 1719）。諸事物をその性質に即して分析する限り、そこにみられるのはその事物がどのようなものであるのかということを示す特徴であるだろう。そして事物の諸性質は、当該事物がどのようなものであるのかを提示しはするが、そのものがなぜ現にあるようなあり方をしており、それ以外のあり方ではないのかを説明するものではない。例えばバナナが弓なりの形態をもつことは、この果物の特徴である。この特徴から眼前にならんだ複数の果物のなかからどれがバナナであるのかが分かる。このとき、これらの特徴は認識根拠である。しかしこういった特徴から、なぜバナナは他でもなくこのような形態をもつのか、ということは理解することができない。

引用箇所に戻るならば、諸性質はヘニングスによればその事物の認識根拠に他ならない。したがって「事物の本性についていては、いかなる内的実在根拠も承認できない」(Wal II Sp. 1719)。ライプニッツにはじまる充足根拠律の二分化のうち、作用因の帰属する実在根拠については、それが現実の事象のうちに必ずしも見出せるわけではない、というのがヘニングスの立場である。「事物の本性は実在的な内的根拠も、外的根拠ももたない」(Wal II Sp. 1720)。それはただ認識根拠だけをもつというのがここでの主旨である。そしてここでの論述を総括しつつ、次のように結論する。「これまでに述べたことから、多くの人が主張するように、すべてのものが実在的充足根拠をもつのではないことが明らかになる」(Wal II Sp. 1721)。「実在的 real」は「理念的 ideal」の対概念であり、延長する事物としての実体の領域にある事物に付けられる付加語である。それは私たちがこれを認識するか否かにかかわらず、事象相互の連鎖のうちにある「根拠」に付加され、ライプニッツやヴォルフのもとではあらゆる経験に対して前提されていた。このような実在的根拠を、生起するすべての事象がもつとみなすことが、ここでは否定されたわけである。[18]

おわりに

以上の考察から、ライプニッツやヴォルフが自らの世界観の根底に置く「充足根拠律」が、一八世紀の二〇年代から七〇年代に至るまでドイツ語圏で複数の哲学者や神学者によって認識論ならびに事象生成の原理として論じられ、またこの原理の正当性を論証し反証することが哲学的反省の主要な課題の一つだったことが確認できる。同じ世紀の三〇年代から五〇年代にかけて出版されたツェードラーの『万有事典』には、「充足根拠律」が項目にあり、ライプニッツ、ヴォルフ、クルージウスの所論が代表的な解釈として提示されている。そして、対象の認識に際しては充足根拠律が必ず役立つので、これを認識の原則とみなすべき旨が強調されている。ここでは、認識根拠としての充足根拠律の役割が重要視されているわけだ。当該箇所の記述を想起するならば、眼前に多数の偶然的事象のあることから出発し、そのあることとの理由ないし根拠をより先なるもののうちに求める遡源を通じて、最後にはそれ自身偶然ではないもの、自らのあることとの根拠を自己自身のうちにもつものへと至る、という推論が示されていた。ここでは、充足根拠律が、眼前に与えられた偶然的な存在者から、現前しない必然的な存在者を推論し、認識するための原理とみなされている。根拠律の役割はここで、現前する事象から現前しない存在者を推論し認識することにあるといえるだろう。これは認識の拡張であり、それを支える原理として充足根拠律が用いられているわけである。換言すれば、ここで充足根拠律は一種のア・プリオリな総合判断の原理という役割を担っている。この項目の執筆者であり、第一九巻（1738）から最終巻までの編集を担当したルードヴィキは、ライプニッツ[19]とヴォルフ[20]についてのモノグラフィーを著した哲学者であり、偶然的な存在者を認めたうえでそれが自己の外部に充足根拠をもつとみなす点で、ライプニッツならびにヴォルフを継承している。ルードヴィキによれば、ライプニッツは充足根拠律を事象生起の原理として提示したけれどもこれを証明しておらず、その課題を引き継ぎ遂行したのがヴォルフだった。彼はこのようにヴォルフに近い位置にいたようである。しかしこの項目では、ヴォルフの論敵にあたるクルージウスにも言及しており、その根拠律論を取り上げている。事典という体裁が公平性を求めていたことに加えて、当時の思想界がクルージウスとその根拠律論を等閑に附すことを許さなかったということだろう。哲学史家マックス・ヴントによればクルージウスは、一八世紀半ばのドイツで最も影響力の強い哲学者だった。[21] またヴァルヒの『哲学辞典』の改訂版（1775）では、項目「充足根拠律」でバウムガルテン、マイアー、ダリエスの根拠律解釈が取り上げられ、それぞれが批判されている。そして、ここでは実在根拠と認識根拠・理念的根拠というクルージウスによる区分がその基礎に置かれ、実在根拠についてはあらゆる事象にこれが認められるわけではないと、その妥当性が制限される。これに対して認識根拠すなわち理念的根拠については、あらゆる事象にこれが認められている。編者ヘニングスによれば、それぞれの事物は本質ないし本性をもち、そのことで他の事物と区別される。「しかし決してこのことから、何か特殊なものがあり、〔…〕諸客体を他でもなくまさに現にあるようなものに成しているということが帰結するものではない」（Wal II Sp. 1716f.）。ここでの「何か特殊なもの」とは、当該事物に外在する何らかの根拠であり、先の区分に従うならば諸々の客体に対して作用因にあたる実在根拠である。そして、事物の本性から形成されるそのものの諸性質は、「事物の認識根拠であり、実在根拠ではない」（Wal II Sp. 1719）。事物の諸性質は、そのものがどのようなものであるのかを理解するに際して役立つ根拠である。しかしこの諸性質は、当該事物が他でもなくまさに現にあるようなものに生成する原因となるものではなく、またこの原理を説明するものでもないというのが、ここでのヘニングスの解釈である。そして以下のように結論される。「すべてのものが実在的充足根拠をもつわけではない」（Wal II Sp. 1721）。ここでは、私たちの認識の及ばないところでも必ず何らかの作用因が事象生起を制約し、決定しているとみなすこの原理についてのライプニッツやヴォルフの基本的解釈が明確に否定されたわけである。この『哲学辞典』の改訂版（1775）のテクストからは、（一）実在根拠と認識根拠・理念的根拠という区分、（二）どの実在根拠も認識根拠でありうるが、しかしすべての認識根拠が実在根拠というわけではなく、また（三）すべてのものが実在的充足根拠をもつわけではないという解釈を読み取ることができる。もう一度確認するならば、実在根拠と認識根拠ないし理念的根拠の区別は、クルージウスの根拠律論にみられる区別である。また実在的充足根拠の妥当性を制限する観点もまた、自由意志に基づく行為に関して実在的根拠である作用因を、また決定根拠を否定するクルージウスの見解に他ならない。[22]これらの観点は、いずれもクルージウスの根拠律論に基づくものである。以上の考察から、この原理に関するクルージウスの基本的な解釈が、この時期ドイツ思想界に強い影響力をもっていたことが分かる。

後注

1 Gottfried Wilhelm Leibniz, *Essais de théodicée sur la bonté de dieu, la liberté de l'homme et l'origine du mal*(Théod), Amsterdam 1710; G. W.Leibniz, *Philosophische Schriften*, Bd.2.1, Französisch u. Deutsch, herausgegeben u. übersetzt von Herbert Herring, Frankfurt a.M. 1996, I,§ 44.

2 ライプニッツ自身「この大原理がなかったなら、私たちは神の存在を証明することはできないだろう」（ibid.）と述べている。

3 Christian Wolff, *Vernünfftige Gedancken von Gott, der Welt und der Seele des Menschen, auch allen Dingen überhaupt* (DM) Halle [11]1751 ([1]1719); WW I.2, § 30.

4 Johann Heinrich Zedler, *Grosses vollständiges Universal-Lexicon aller Wissenschaften und Künste* ...(UL), 64 Bde., Halle u. Leipzig 1732-1750, Suppl. (bis Caq), Halle u. Leipzig 1751-1754; Neudruck, Graz 1961-1964. この大事典には約二八四、〇〇〇の項目がアルファベット順に並べられており、参照文献の数は二七六、〇〇〇を超えるという。以下を参照。Ulrich Johannes Schneider, *Die Erfindung des allgemeinen Wissens. Enzyklopädisches Schreiben im Zeitalter der Aufklärung*, Berlin 2013, S. 73ff.

5 編者の「序言」によればこの事典は、大学での専門科目や哲学、歴史、数学といった分野を含みつつ、さらには「芸術家や手工業者〔…〕商人にも役立つ事柄を取り上げている」（UL Bd. 1, Vorrede, § 13 S. 6）。

6 レッシング・アカデミーが刊行するドイツ啓蒙研究叢書では、ドイツ啓蒙の中心地として最初にハレが、そしてケーニヒスベルグに続いて三番目にライプツィヒが取り上げられている。以下を参照。*Zentren der Aufklärung I. Halle. Aufklärung und Pietismus*, hrsg. von Norbert Hinske (*Wolfenbüttler Studien zur Aufklärung*, hrsg. von der Lessing-Akademie) Heidelberg 1989, S.9ff. 編者ヒンスケによれば、トマージウスとヴォルフが大学で教鞭をとっていたハレは、ドイツの初期ならびに盛期啓蒙の中心に位置していた。

7 同じ六四巻には、「充足根拠」という項目があり、以下のような記述がみられる。「充足根拠とは、何かが目の前にあるとき、それによってなぜそのものとは異なるある別のものが存在するのかが理解できるような根拠である。換言すれば、〔充足根拠とは〕なぜある別のものが存在するのかがそれによって分かるような根拠である。充足根拠には非充足根拠が対立する。これは、それだけでは、ある別のものがなぜ存在するのかが理解できないような根拠である」（UL Bd. 64 Sp 394）。ここで考えられているのは因果律ないし作用因とその帰結といった原理である。例えば作用因とその帰結という原理に基づいて、眼前の燃焼する物体から、そのものをとりまく酸素や一定の温度などが理解できる。ここでは酸素や一定の温度が「ある別のもの」に相当するだろう。また、「非充足根拠」については、バウムガルテンとクルージウスが既に主題化していた。前者は以下のように述べている。「あるものについての周到な根拠は充足根拠である。不十分な根拠 ratio insufficiens とは、あるものに含まれるただ一部のものだけの根拠である」（Alexander Gottlieb Baumgarten, *Metaphysica* (BM), Halle

^{4}1757(^{1}1739); ins Deutsche übersetzt u. hrsg. von Günther Gawlick u. Lothar Kreimendahl, Stuttgart-Bad Cannstatt 2011, § 21）。クルージウスは以下のように表現している。「充足根拠とは、何かがあるもののうちに根拠付けられていると述べるために、必要なものがまったく欠けていない根拠である。そうでなければ不十分な根拠である」（Christian August Crusius, *Weg zur Gewißheit und Zuverläßigkeit der menschlichen Erkenntniß* (Weg), Leipzig 1747; C.A. Crusius: *Die philosophischen Hauptwerke*. Hrsg. von Prof. Dr. G. Tonelli, Bd. 3, Hildesheim 1965, § 143, S. 262）。『万有事典』の項目「充足根拠」には、この二人のテクストからの影響が認められる。また同項目には、クルージウスの『根拠律論』（一七四三、ドイツ語版一七四四、ドイツ語再版一七六六）がこのテーマを扱うテクストとして紹介されている。以下を参照。Chr. A. Crusius, *Dissertatio philosophica de usu et limitibus principii rationis determinantis vulgo sufficientis*, Leipzig 1743; *Ausführliche Abhandlung von dem rechten Gebrauch und der Einschränkung des sogenannten Satzes vom zureichenden oder besser determinierenden Grunde, aus dem Lateinischen übersetzt und mit Anmerkungen nebst einem Anhange begleitet von M. Chr. F. Krausen [Leipzig 1744], bey dieser zwoten Ausgabe mit anderweitigen Anmerkungen des Herrn Verfassers und einer andern hieher gehörigen Schrifft des Übersetzers auch einem Vorberichte vermehrt von Friedrich Pezold* (De usu) Leipzig 1766. なお、クルージウスの根拠律理解については以下の拙著を参照いただきたい。河村克俊『カントと十八世紀ドイツ講壇哲学の自由概念』晃洋書房、二〇二二年、四九－六一頁。

8 「したがって無から何かが生じることは不可能なので、存在するものはすべて、なぜそのものが存在するのかということの充足根拠をもつ。すなわち、なぜそのものが現実となりえたのかを理解することのできる何かが常にあらねばならない」(DM § 30)。

9 以下を参照。Michael Albrecht, Artikel „Ludovici, Carl Günther“, in: *The Dictionary of Eighteenth-Century of German Philosophers* (DGP), 3 Vols, hrsg. von H. Klemme u. M. Kuehn, London u.a. 2010, Vol. 2, S.750-751.

10 Vgl. Arthur Schopenhauer, *Ueber die vierfache Wurzel des Satzes vom zureichenden Grunde*, Rudolstadt 1813, § 31.

11 注7の C.A.Crusius, De usu を参照。

12 カントはクルージウスの根拠律解釈を考察対象としつつ、彼とは異なり決定根拠を先行的決定根拠と後続的決定根拠に分けている。先行的決定根拠は実在根拠の作用因に、後続的決定根拠は認識根拠に相当する。Vgl. Kant, ND 426/AA 393.

13 Walch, Johann Georg hrsg., *Philosophisches Lexicon, worinnen die in allen Theilen der Philosophie, vorkommende Materien und Kunstwörter erkläret*, ... 2 Bde., Leipzig 1726. *Mit vielen neuen Zusätzen und Artikeln vermehret,*〔...〕*versehen von Justus Christian Hennings*, vierte Auflage, Leipzig 1775; Neudruck, Hildesheim 1968.

14 以下を参照。G.W.Leibniz, *Monadologie*(Mon), hrsg. von H. Herring, Hamburg 1982, § 36.

15 ライプニッツは以下のように述べている。「…充足根拠、最後の根拠は、このような偶然的要素の細部がどれほど続くにしろ、そのつながりや系列の外部になければならない」（Mon § 37）。「それゆえ事物の最後の根拠は、必然的存在者のうちにあるはずである」（Mon § 38）。

16 Georg Friedrich Meier, *Metaphysik. Erster Theil*〔Ontologie〕, Halle ^{2}1765 (^{1}1755); WW III. 108.1, § 32, S. 55.

17 Joachim Georg Darjes, *Philosophische Nebnstunden, Vierte Abhandlung, in welcher meine Gedanken von dem Satze des zureichenden Grundes den Herrn Doctor Kölbele vertheidiget werden*, Jena 1752.

18 同項目でヘニングスは最後に自由の問題に触れ、複数の選択肢が同等に好ましいとき、そのうちから一つを選ぶならば、そこにはいかなる実在根拠もありはしないと述べることで、均衡中立の自由を擁護している。このような選択に際しては、事象のうちにはいかなる決定的な作用因も存在しないと考えるわけだ。ここにもまたクルージウスの思考の刻印をみることができる。

19 Carl Günther Ludovici, *Entwurf einer vollständigen Historie der Leibnizischen Philosophie*, 2 Bde., Liepzig 1737, Neudruck, Hildesheim 1966.

20 C.G.Ludovici, *Ausführlicher Entwurf einer vollständigen Historie der Wolffischen Philosophie*, 3 Bde., Leipzig 1735-1738; WW III.1.1,2,1.3.

21 ヴントによれば、クルージウスは一八世紀の「五〇年代と六〇年代」における「指導的哲学者」とみなすことができる。以下を参照。Max Wundt, *Kant als Metaphysiker*, Stuttgart 1924, S. 60.

22 クルージウスは、行為や選択に関して、それ以外ではありえないという仕方で決定する根拠をもたない活動を認め、これを「自由な根源的活動」（Crusius, *Entwurf der nothwendigen Vernunft=Wahrheiten, wiefern sie den zufälligen entgegen werden*, Leipzig 1745, § 84, S. 150; Crusius. *Die philosophischen Hauptwerke* Bd. 2, Hildesheim 1964,）と名付ける。すなわち、「自由な行為は、完全な決定根拠をもたない」(De usu § 42, S. 117)。またこのような活動を可能にする前提として、決定的な作用因の否定を意味する意志の「均衡中立」状態を想定する。

第一章への付論　フェーダーの『論理学と形而上学』にみる根拠律

ゲッティンゲン大学教授J・G・H・フェーダーは、カントの『純粋理性批判』（1781）について最初の書評を執筆した一人である。当該書評は、Chr・ガルヴェが書いたものにフェーダーが手を入れたものであり、しかも匿名で『ゲッティンゲン学報』に載せられた。後に、この書評は『プロレゴメナ』（1783）にカント自身がこれを批判する文書を載せたこともあり、著者の意図をまったく理解することなく書かれた書評として、カント研究史に汚名を残すことになった。この書評が出る以前には、両者の間に書簡のやりとりがあり、またフェーダーの『哲学提要』[1]（1767）を、カントはそれが出版された直後から一七八一／八二年冬学期まで「エンチクロペディー講義」の教科書として用いていたので、[2]少なくとも哲学教科書の執筆者としてカントはフェーダーを評価していたと思われる。またフェーダーにはこれ以外にも教科書の体裁をとったテクストが複数あり、それらは当時の講壇社会で広範に受け容れられていたようである。以下では一八世紀の後半以降、通俗哲学者として名を馳せたフェーダーの『論理学と形而上学』（1769）にみられる充足根拠律について、簡潔に触れることにしたい。なお、A・ヴァルダの編纂したカントの蔵書目録によれば、このテクストの第五版をカントは所有していた。[3]

哲学教科書として執筆された『論理学と形而上学』の「存在論」には「因果性結合」と題された節があり、そのパラグラフ二〇で充足根拠律が主題化されている。

〔諸々の原因を〕区別するため、その作用が運動である諸原因は機械的（自然学的）原因と名付けられる。そしてそれ以外の諸原因は、これに対して非機械的（形而上学的）と名付けることができる。あるものがそれによって自らの現存在を手に入れるもの、またはこのものの現存在がそれと結びついているとみなされるものは、現存在の根拠（自然学的〔根拠〕、形而上学的根拠、ratio διοτι）[4]と呼ばれる。それによってあるものの現存在についての認識が生じるものは、認識根拠（理念的根拠、論理的〔根拠〕、分析的根拠、ratio οτι）[5]と呼ばれる。最後に、それによって欲求または決心が生じるものは、動力因、動機、道徳的根拠と呼ばれる[6]。

以上の論述は、次のように纏めることができるだろう。

一、機械的（自然学的）原因。その作用が運動であるような原因。
二、非機械的（形而上学的）原因。その作用が運動ではないような原因。
三、現存在の根拠。あるものがそれによって自らの現存在を手に入れるような根拠。
四、認識根拠（ないし理念的根拠）。あるものの現存在についての認識がそこから生じるような根拠。
五、動機の根拠（動力因、道徳的根拠）。そこから欲望や決心が生じるような根拠。

内容に即するならば、最初の二つの原因はライプニッツが「作用因」（Mon § 36）と名付けたものである。この原因は、原理的に結果に対して先行し、自らのはたらきによって結果を引き起こす作用の役割を担うものである。例えば、太陽光による気温の上昇は北極の氷を溶かしている。この場合、氷が溶けるという結果に対して太陽光による気温の上昇が作用因だといえるだろう。これがフェーダーの区分での「機械的」ないし「自然学的」原因である。これに対して「形而上学的」と名付けられた原因は、機械的原因と区別されているので、伝統的な二元論の脈絡での心の身体に対するはたらきかけを意味するものと考えられる。形而上学的で非機械的な原因ということで意味されているのは、身体に対する心の作用である。つまり、心が何かを身体に命じるところに、身体の動きが生じるとみなすわけである。なお、この脈絡でフェーダーはChr・A・クルージウスに言及しているので、上記の区分についてはクルージウスをモデルにしていたと思われる。クルージウスは作用因について次のように説明していた。「活動的作用因はまた、単に作用因（principium activum〔活動原理〕、causa efficiens stricte sic dicta〔言葉の厳密な意味での作用因〕）とも習慣的に呼ばれているが、これは活動的な力によって作用する。例えば火であり、精神である」（Weg § 141, S. 255）。ここでクルージウスは「精神」の身体に対する活動を作用因とみなしている。この作用因をフェーダーはここで「形而上学的」という形容詞を付し、自然学的な原因と区別したと解することもできる。

また「実在根拠 Realgrund」という名称からも、クルージウスが想起される。クルージウスの同名の根拠は、伝統的な因果性概念である「作用因」ならびに、ただそのあることによって別の何かを、そのものとしてあらしめる根拠を意味していた。換言すればクルージウスは実在根拠を「作用因」と「現実存在の根拠 Existentialgrund」とに分け、後者を、はたらきかけることや活動することなしに当該事象の存在を制約する原因ないし根拠とみなす。例えば、三角形の二辺とその夾角は、第三辺に対する「現実存在の根拠」である。そして「認識根拠」は、ライプニッツが充足根拠を二つに分けるに際して、作用因の対概念とする根拠である。クルージウスもまた同名の根拠を「なぜそのものが存在するのかが、それによって理解できる」（Weg § 141, S. 255）根拠とみなし、これを自らの区分のうちに置いている。フェーダーは既存の用語法に基づいてこの根拠を提示しているわけである。そして最後の「動機の根拠 Bewegungsgrund, Motiva」（LuM § 20, S. 259）すなわち「そこから欲求ないしは決断が生じる」（ibid.）根拠は、同じくクルージウスの「ア・ポステリオリな認識根拠」に対応する。この根拠は、人間が行う選択や行為について反省する脈絡で、一義的に決定する先行的根拠の不在を説明するために用いられる根拠である。

原因と根拠についてのフェーダーによるここでの区分は、主にクルージウスによる根拠律の区分をモデルに、そのうちの「作用因」を「自然学的」と「形而上学的」の二つに分けることで成ったと考えられる。すなわち、事象連鎖のうちにみられる作用因と心身関係のうちにみられる作用因とを分け、それぞれの内容の違いをフェーダーは重視したといえる。なお「動機の根拠」は後年ショーペンハウアーが自らの『学位論文』（1813）で充足根拠律を四つに区分し、人間の行う選択や行為について、これを制約する根拠として提示する「行為の充足根拠律」「動機づけの法則」[7]を想起させる。

後注

1 Johann Georg Heinrich Feder, *Grundriß der philosophischen Wissenschaften, nebst der nötigen Geschichte zum Gebrauch seiner Zuhörer* (Gr), Coburg 1767.

2 フェーダーのこのテクストをカントは同講義の教科書として十度用いていた。最初が一七六七／六八年冬学期、最後が一七八一／八二年冬学期である。以下を参照。Reinhard Brandt, Feder und Kant, in: *Kant-Studien* 80 (1989), S. 252, Anm. 10.

3 以下を参照。Arthut Warda, *Immanuel Kants Bücher*, Berlin 1922, S. 48, Nr. 39.

4 „διοτι“は、「なぜ、どういう理由で」を意味する。以下を参照。Article „διοτι“ in: Greek-English Lexicon, founded upon the seventh edition of Liddell and Scott's Greek-English Lexicon, Oxford at the Clarendon Press 1978, p. 205.

5 „οτι“は「何のために、どういう理由で」を意味する。Article „οτι“ in: *Greek-English Lexicon*, ibid. p. 574.

6 Feder, *Logik und Metaphysik* (LuM), Göttingen ^{3}1771(^{1}1769) § 20, S. 258f.

7 以下を参照。Arthur Schopenhauer, *Ueber die vierfache Wurzel des Satzes vom zureichenden Grunde*, Rudolstadt 1813, Kap. 7, § 45; ショーペンハウアー『充足根拠律の四方向に分岐した根について』(第一版)、鎌田康男、齋藤智志、高橋陽一郎、臼木悦生訳著『ショーペンハウアー哲学の再構築』法政大学出版局、二〇〇〇年、一〇二－一〇三頁。

第二章　カントにおける充足根拠律の変容

はじめに

自らの新たな哲学体系の端緒となる『純粋理性批判』（^{2}1787/^{1}1781）でカントは充足根拠律を主題的に扱っていない。経験に先立ち、経験そのものの可能性の制約となる様々な契機を反省する脈絡で、この原理についてわずかに触れるに止まる。では、一八世紀ドイツの講壇哲学で事象世界の成立を制約する根本原理として繰り返し論じられてきた充足根拠律は、カントにとって重要な意味をもたなかったということだろうか。恐らくそうではない。ショーペンハウアーはカントが充足根拠律を因果律と読み替えていると指摘する。[1] ここでの因果律とは、『純粋理性批判』にみられる純粋悟性概念としての「原因性と依存性（原因と結果）」（KrV B 106/A 80）、そして「原則の分析論」に位置する「因果性の法則に従う時間継起の原則」（KrV B 232）で主題化されている概念である。一方で事象世界の経験的実在性を認めつつ、他方ではその独立自存性を認めず、これを私たちの認識能力に相即的に現れる限りでの現象とみなすという新たな世界観を形成する過程で、カントはこの原理の位置づけに変更を加えることになったようだ。カントがこの原理を最初に主題化するのは講師就任論文『形而上学的認識の第一諸原理の新解明』（1755）である。ここでは矛盾律とともに充足根拠律が「形而上学的認識の第一原理」とみなされていた。そこでカントは「充足根拠」という名称は事柄を明瞭に示していないので「決定根拠」（ND 426/AA 393）[2]を採ると述べたうえで、この原理が可能世界の生成根拠であるという立場を、当時の講壇哲学から受け継いでいる。架空の対話でヴォルフ主義者に次のように語らせることで、自らの立場を提示する。「物理的事象であろうと自由な行為であろうと、すべての出来事の確実性は決定されている。後続するものは先行するもののうちにおいて、先行するものはよりいっそう先行するもののうちにおいて、既に決定されている。そしてこのような連鎖的結合のうちで、こうしたものは、常により先行する根拠のうちにおいて決定され、そしてついには神を直接の創始者とする世界の最初の状態へと至る」（ND 464/AA 403）。ここにみられるのは、Chr・ヴォルフやA・G・バウムガルテンがそれぞれの『形而上学』で提示したのと同じく、充足根拠律を可能世界が生成する原理とみなすことから生まれる世界観に他ならない。一七五五年のカントは、ヴォルフ学派の哲学者と同じ世界観のうちに思索していたといえるだろう。以下では先ず、批判期の世界観が生み出される前梯に位置する『感性界と可想界の形式と原理』での諸原理について確認したうえで、『純粋理性批判』での根拠律解釈についてみることにする。

第一節　『就職論文』での世界概念と充足根拠律

正教授就任論文『感性界と叡知界の形式と原理』（1770、以下『就職論文』と略記。）で、カントは感性的ならびに叡知的「世界」という概念を主題化している。「世界」とはここで、あらゆる部分の総合の最終概念であり、より大きなものの「一部ではない全体」（De mundi § 1, A1/AA 387）である。そして、感性的世界について、空間と時間をその根本形式とみなし、感性界成立の第一原理という位置づけを与える。また認識主観による感性的認識のもたらす感性的世界は、伝統的タームを用いてフェノメノン、そして感性を介さずに純粋悟性概念だけによる認識の対象は、同じくギリシャ語に由来するヌーメノンと名付けられている。「感性の対象は可感的である。これに対して、知性能力によって認識されうるものしか含んでいないものは可想（叡知）的である。可感的なものは古代人の諸学派からはフェノメノンと呼ばれ、可想（叡知）的なものはヌーメノンと呼ばれた」（De mundi § 3, A 7/AA 392）。『就職論文』では知性能力がいわば感性から独立に、それ自身だけで単独に行う活動により、感性が受容することのないもの、感官が受けとることのできないものが、把握できると考えられている。「感性は主観の受容性であり、これを通じて何かある客体の現前によって、ある特定の仕方で表象状態が触発されうる。知性能力（理性能力）は主観の能力であり、この能力によって主観は、その特質のゆえに感官のうちへと入ってこられないものを表象することができる」（De mundi § 3, A 7/AA 392）。ここでの知性ないし理性能力とは、概念によって対象を認識する能力であり、それが感性ないし感官を介さずに活動することで対象が把握できると考えるわけである。「その特質のゆえに感官のうちへと入ってこられないもの」とは、後年『純粋理性批判』でカントが理性概念ないし理念、また、ものそれ自体と名付けるものであり、知覚することができずまた認識することのできないものでありつつ、その実在性を真摯に考えざるをえないものである。ただ、ここでの説明からはどのようにして知性能力がこれらの対象を把握するのか、またそこで把握された対象とはどのようなものであるのか、ということについて十分明確に理解することはできない。悟性概念だけによる対象認識ということで何が意味されているのかは不定である。例えばR・デカルトの伝統に連なる「思惟する私」[3]は非延長実体であるので、感官を通じて空間的に把握することはできない。思惟実体についてここでは、「実体 substantia」（De mundi § 8, A 11/AA 395）概念によって直接に把握できるものと考えられているようである。実体概念については、この概念が含意するはずの「常住性」[4]という性質に鑑みてその認識可能性を反省するならば、常にあり続けること、すなわち存在の持続性を測る尺度となるもの、つまり「時間」を必要とし、これがなければ決してその「常住性」は把握できないはずである。しかし「時間」は感性的な能力であるので、悟性概念だけによって常住的である「実体」を認識することは原理的にできない。経験から採られたのではない純粋な概念としての「実体」がどのように可視的な事象に対応するのか、またどのような仕方で現象を自らのもとに包摂するのか、という問いは『就職論文』には未だみられない。「実体」という非時間的である概念が、いかにして時間性のうちに現れる事象を自らのうちに秩序付けることができるのかということが、その後、認識の成立に関わる反省の脈絡で主題化されることになったと思われる。[5] いずれにしても正教授就任論文では、可想（叡知）的な対象についてどのような仕方でそれが認識できるのかについて十分な説明を行うことができなかったと、カント自身一七七〇年代の書簡で告白している。[6]

　では、充足根拠律はこの論文でどのように解釈され、また世界の構成に関してどのような役割を担っているのだろうか。ここでのカントは世界内の事象を他でもありえたものとみなし、その全体が何らかの必然的な原因から生じており、またこの原因に依存しているとみなす。ここではこの根拠が世界に外在する存在者[7]とみなされる存在者に他ならない。このような世界観の基層には当時の講壇哲学の世界観がその原型として認められ、その世界観を基礎づける原理としての充足根拠律を読み取ることができる。カントが、「世界を構成する諸実体は自分以外の存在者に由来する存在者であるが、しかしそれらは異なった様々の存在者にではなく、すべての実体は唯一の存在者に由来している」（De mundi § 20, A 25/AA 408）と述べるとき、すべての実体的存在者がそのものに由来するところのものとは、それらすべての存在者の充足根拠であり、最後の根拠とみなされるものである。そして、このテーゼが基づく原理が充足根拠律である。ライプニッツは偶然的な事象の最終的な充足根拠について以下ように述べていた。「〔…〕充足根拠ないし最後の根拠は、個々の偶然的な事物の継起ないしは継起する系列が無際限に長いとしても、その系列の外部にあるはずである」[8]。また「それゆえ事物の最後の根拠は、必然的存在者のうちにあるはずである」（Mon § 38）。そのうえでこの「必然的存在者」を「神」と名付けている（ibid.）。ヴォルフもまた根拠律に基づき「神」を推論する。「唯一の神が、すべての可能的なものならびに現実的なものの充足根拠を自らのうちにもつ。〔…〕何ものも充足根拠なくして存在することはできないので、そのことから唯一の神が存在することが推理できる」[9]。ライプニッツが示唆する事象継起の系列の無限性をバウムガルテンは主題化し、その無限背進が矛盾を含むことを論証する。その際、「世界に外在する存在者 ens extramundanum」[10] のうちに世界の第一根拠、充足根拠をみることでヴォルフの世界観に従っている。バウムガルテンの論旨は以下のように纏めることができる。（一）無限背進とは、互いに外在するような偶然的なもの、そのどれもが二次的な原因であって、端的な第一原因ではないようなものの系列である。（二）無限背進はその大きさが任意に仮定できるのであるから、一個の全体としてみれば偶然的なものであり、その限り自身の外部に作用因をもつ。（三）この作用原因はそれ自身また偶然的か必然的か、どちらかである。前者の場合には、再び自己の外部に作用因をもつはずであり、それ自身は二次的で、無限背進の一部である。（四）したがって無限背進の作用原因は、必然的な、そして何ものにも依存しないような存在であるはずだ。（五）この作用原因は自らに外在する原因をもたない。よって諸々の結果の端的な第一原因である。（六）したがって無限背進は、端的な第一原因をもたねばならず、同時にまた、それが無限背進である限りこれをもつことができない。ゆえに無限背進は不可能である――このような論旨によってバウムガルテンは結果から原因へ向けての事象連鎖の遡源を無限であるとみなす解釈のうちに矛盾を読み取り、この世界観を否定している[11]。『就職論文』での論述を視野に置きつつ、自らの世界観を構想することになったはずである。そしてこの七〇年論文で、事象連鎖の総体を問題とする脈絡で、その総体すなわち世界を個々の事象から成るとみなしつつそれ自体もまた一つの偶然的なものと考え、その全体の外部に最後の充足根拠をみるわけである。事象世界の現前することから出発し、そのうちなる個別的事象ならびにその総体である世界の根拠を求め、その根拠を世界に外在する存在者のうちに認めるという思考の枠組みそのものを基礎づけているのが、充足根拠律に他ならない。

第二節　構想力の「図式」という新たな契機

前節でみた『就職論文』では、感性界を構成する原理である「時間」に次のような位置づけが与えられていた。「時間は連続量であり、宇宙の諸変化のうちにあって連続するものの法則の原理である」（De mundi § 14, A 15/AA 399）。ここでは「時間」があらゆる事象について、その変化を成立させる条件として考えられている。換言すれば、すべての事象変化の条件として前提されているのが、それ自身変化することなく、変化を変化としてあらしめる素地ないし基盤としての時間である。また、「時間は何か客観的なものでも実在的なものでもなく、実体でも偶有性でもなく、また関係性でもなく、可感的なすべてのものをある特定の法則によって同位的に秩序づけるための、人間の心の本性による必然的な主観的条件であり、また純粋直観である」（De mundi § 14, A 16/AA 400）。ここでは時間を認識主観から独立に存在するもの（絶対時間）とみなすこと、実体や偶有性（概念）とみなすこと、また複数のもののあることを前提にそれらの関係を示すものと考えること（ライプニッツの時間概念）が否定されている。そのうえで批判期と同様、時間は可感的認識の条件と、また純粋直観とみなされている。同じ概念が批判期の著書では以下のように述べられている。「時間それ自身は消え去らない、時間のうちで変化するものの現存在が消え去る。〔…〕時間それ自身は変化せず、あり続ける」（KrV B 183/A 144）。ここでの「あり続ける」とは、何らかのモノとしてという意味ではなく、あくまでも認識主観のはたらきのうちなる「必然的な条件」として、あり続けるのである。このような「時間」解釈を前提に、「因果性法則に従う時間継起の原則」（KrV B 233）すなわち「すべての変化は、原因と結果の結合の法則に従って生じる」（ibid.）という新たな原則が提示されることになったと考えられる。[12] ここでは先ず、この原則を含む、認識ならびに経験の成立に関する『純粋理性批判』でのカントの基本理解について確認することにしたい。

カントによれば、感性によって受容されたものを、構想力を経て悟性が総合することで認識ならびに経験が成立する。そして、この総合は感性の受容するものに対する悟性のはたらきかけによってなされる。両者がともにはたらくことで経験が生じるわけである。では、感性的な直観と悟性的な概念は直接結びつくのだろうか。ある知覚aの次に別の知覚bが続くことを悟性概念、例えば因果性概念へともたらすものは何なのか。また、ある特定の知覚aに対して常に繰り返し特定の知覚bが続くことを生み出すもの、特定の知覚が与えられると必ず別の特定の知覚が続くことを再生産するものは何なのか。さらには、因果性という悟性概念は、感覚や知覚とは異質なものであるにもかかわらず、どのようにして多様な知覚の束を整理し、そこから先行するものと後続するものという秩序を生み出すのだろうか。この脈絡で想起されるのが、悟性概念と感性的な直観を結び付ける「第三のもの」である。感性的な与件が悟性的な概念と結びつくためには、「〔…〕ある第三のものが必要であり、それは一方でカテゴリーとともに、他方では現象とともに、同種的なもののうちにあらねばならず、またそれが現象へのカテゴリーの応用を可能にする。〔…〕これが超越論的図式である」（KrV B 177/A 137）。この「図式 Schema」というタームは『就職論文』でも認識の成立を反省する脈絡で用いられていた。例えば、「感性界の形式の諸原理」を論じる脈絡で、空間と時間が「第一の形式的原理」であり「図式」（De mundi § 13, A 14/AA 398）であるとされた。ここで「図式」は経験や認識の成立を明らかにしようとする分析のコンテクストで、感性的認識の第一原理としての空間と時間を意味している。この「図式」が『純粋理性批判』で改めて、新たに「超越論的」という形容詞を付され、「時間」に特化されて主題化されることになったわけだ。先の同書からの引用文に戻るならば、「同種的なもののうちに」といわれるのは、純粋悟性概念と感性的直観が同種的ではなく異種的であるという前提から、これらを結びつけるためのものが必要であることを意味している。したがって「図式」は、一方で純粋悟性概念と、他方では感性的なものないし現象と「同種的」であるものに他ならない。図式すなわち、超越論的時間規定は（表象の統一をなす）カテゴリーと次の限り、つまりそれが普遍的であり、ア・プリオリな規則に基づく限り、同種的である。他方しかしそれはまた、時間が多様なあらゆる経験的な表象のうちに含まれている限り、現象とも同種的である（KrV B 177f./A 138f.）。

ここでの論旨を纏めるならば、「超越論的時間規定」は、それがすべての事象に妥当する（つまり普遍的である）限り、またア・プリオリな規則（つまり経験の可能性の制約となる規則）である限り、純粋悟性概念すなわちカテゴリーと同種的である。また図式と現象ないし感性との同種性は、あらゆる多様な経験的表象のうちに時間が含まれていることのうちに、つまり経験的表象が遍く時間に結びつき、時間性のうちに生じることのうちにみられている。図式が「時間規定」である限り、時間のあり方が現象と概念を結び付ける際に重要な役割を果たすことになる。カントによれば図式とは「規則に従うア・プリオリな時間規定以外の何ものでもなく、またこの時間規定は、あらゆる可能的対象についてカテゴリーの秩序に従って、時間系列、時間の内容、時間秩序、そして最後に時間の総括へと向けられている」（KrV B 184f./A 145）。ここでの論旨に従えば、直観のもたらす多様なものは、カテゴリーの様式すなわち「量」「質」「関係」「様相」に即してそれぞれ「時間系列」（量）、「時間内容」（質）、「時間秩序」（関係）、「時間の総括」（様相）として、時間のうちで規定される。外的ならびに内的な直観がもたらす多様なものが、ここで純粋悟性概念のもつ規則に従って、時間形式のうちに形を与えられることになるわけである。図式については、さらに次のようにその機能が説明される。「悟性の図式論は構想力の超越論的総合を通じて、内的感官における直観のあらゆる多様の統一以外の何ものをも目的とせず、したがってまた間接的に、内的感官（受容性）に対応する機能としての統覚の統一を目的とする」（KrV B 185/A 145）。ここには図式が受容的で感性的な契機である直観の統一を行うこと、またそのうえで自発的で悟性的な契機である統覚の統一を準備することが述べられている。認識の成立に際して感性の活動と悟性の活動を結びつける図式のはたらきが不可欠であることが、ここでの記述から改めて確認できる。この点については、以下のようにも述べられている。「それゆえカテゴリーは図式がなければ概念に対する悟性の機能にすぎず、いかなる対象をも表象することができない」（KrV B 187/A 147）。図式のはたらきを前提とすることで、はじめて悟性は何らかの対象を表象することが可能となり、内実のある活動を始めることができるわけだ。したがって悟性だけによる活動では、いかなる表象ももつことができず、いかなる対象認識をも行うことができない。すなわち『就職論文』の立場、「知性能力（理性能力）は主観の能力であり、この能力によって主観は、その特質のゆえに感官のうちへと入ってこられないものを表象することができる」（De mundi § 3, A 7/AA 392）という立場は、最終的に否定されることになる。悟性概念は単独では何ものをも表象することができないのであるから。そしてここに認識の成立条件に関する『就職論文』と『純粋理性批判』との明確な差異が確認できる。認識主観との関係性を離れたところで独立自存するもの、時間性のうちに現れないものは、その特質のゆえに感性的に対象化することのできないものであり、認識可能なもののリストから除外されることになる。

では、根拠律に対応するものとされる「原因と結果」という純粋悟性概念に対して、図式はどのようなはたらきを行うのか。以上の論旨に照らせば、継起する知覚のもたらす多様は直接に純粋悟性概念としての「原因と結果」のうちに包摂されるのではなく、超越論的時間規定すなわち「図式」のうちに取り込まれ、そして再生産されることになる。「事物一般についての原因と因果性の図式とは、もしあるものが任意に置かれるならば、そこから常に何か別のものが後に続くような、そのような実在的なものである。それゆえこの図式は、一つの規則の支配下にある限りでの多様なものの継起である」（KrV B 183/A 144）。この説明から、原因の図式とはあるものが置かれるならば、これに続いて常に何かある別のものが継起することを、つまり、あるものと別のものとの連鎖を生むものを意味する。規則は悟性が与えるものであり、この規則に従う事象相互の結合により、繰り返し特定の先行事象から同じく特定の後続事象が継起することになる。確認するならば、講壇哲学者ならびに『就職論文』での自らの立場と異なり、経験の成立条件として感性と悟性を結びつける第三のものを、すなわち、特殊な時間規定（超越論的時間規定）を、カントが要請することのうちに『純粋理性批判』の独自な視座が認められるわけである。そして、この視座からみれば、経験に先立ち経験の可能性を制約するこの特殊な時間規定を置くことなしに、充足根拠律を応用することは誤りとみなされる。

第三節　実体、因果性法則と充足根拠律

ライプニッツ、ヴォルフ、バウムガルテンなど当時の哲学者に広く共有されていた世界観として、世界とは生起する事象連鎖の総体である、という見方のあったことが指摘できる。そしてこの連鎖を連鎖として私たちに認識させるものが充足根拠律であり、またそこに算入される「原因」ないし「作用因」である。換言すれば、原因と結果の連鎖として事象が生起し、その総体として世界が成立するという見方がここで共有されている観点に他ならない。このような観点は基本的に批判期のカントにも受容されている。ただしカントによれば、事象連鎖として成立する対象世界は、私たちの認識能力から離れて独立自存するものから成るのではなく、あくまでも感性的に把握することのできる現象からのみ成るものである。先行哲学者とカントの間の最も基本的な違いは「実体」概念の理解のうちに認められる。例えば、ヴォルフは実体について次のように述べていた。

〔…〕つまりそれ自身において存在するものあるいは実体は、自らの変化の起源を自身のうちにもっている。〔…〕例えば私たちの心は、ある一定の順序において諸々の思考を継起的に生み出す力を自らのうちにもっており、それゆえ心は実体である（DM § 114）。

ヴォルフは「心」を「それ自身において存在するもの」、すなわち「実体」とみなしている。「それ自身において存在するもの」とは、それが存在するにあたり、それ自身以外の何ものをも必要とせず、それ自身だけで存在するところのものである。これは、そのものが自己以外のものの助力を必要とせず独立自存することを意味するデカルトの実体概念を念頭に置いたものと思われる。[13]「自らの変化の起源を自身のうちにもつもの」とは、自らの変化が自ら以外の力によって引き起こされるのではなく、自己に内在する力によって引き起こされるということであり、これは実体に「能動力」を認めるライプニッツに由来する。[14] そして「諸々の思考を継起的に生みだす力を自らのうちにもつ」という表現もまた、独立自存する実体としての「考える私」や、自らのうちに表象能力をもつ「単純実体」（Mon § 14）という概念が想起される。ヴォルフは「考える私」をここで「心」と言い換え、独立自存するものとみなし、実体と名付けたと理解できる。[15]

これに対してカントは「考える私」[16]を、それが考える限りで存在するもの、考えるという活動を行う限りで、時間のうちに客観化され、その在ることが認められるものとみなす。そして「私は考える」という活動を離れたところで、「私」が独立自存するものとしてあるのではないと解釈する。「考える私」は、時間形式のうちに対象化することができるが、しかし「考える」という活動を離れた「私」そのものは、時間形式のうちに対象化することができず、したがって、そのものを表象すること、認識することはできない。「私は考えつつ実在する ich existiere denkend」（KrV B 420）ということだけが認識できることであり、考えることを離れて「私」がそれ自体として、どのようなものであるのかは、それが時間性のうちに現れない限り把握することができない。換言すれば「考える私」は、「考える」限りで存在するのであり、これを離れたところでは空虚なものに過ぎない。先の「経験の類推」のテクストに戻るならば、現象としての実体は、私たちの認識能力の相関者である限りでの事象を意味するに止まる。つまり、カントのもとでの「実体」は、自らの存在のために自己以外の一切の助力を必要としないもの、すなわち独立自存するものではない。

先に触れたように『純粋理性批判』では、認識の成立する場面への純粋悟性概念の適用を主題化する脈絡で、「すべての変化は、原因と結果の結合法則に従って生じる」（KrV B 232/A 189）という命題が「因果性の法則に従う時間継起の原則」（ibid.）として提示され、この原則が経験に先立つ位置から経験そのものの可能性を制約するものの一つとされていた。そしてこの原則を論証するコンテクストのうちでカントは充足根拠律に言及している。

それゆえ、何かが起こるということは、可能的経験に属する知覚のことである。可能的経験は私が現象を、時間におけるその位置に関して、決定されたものとみなし、したがって、規則によって知覚の脈絡のうちに常に見い出されうる一個の客体とみなすことによって、現実的なものとなる。ところで、何ごとかを時間継起に従って決定するこの規則とは、次のようなもの、すなわち、先行するものの中には、出来事が常に（つまり必然的な仕方で）続いてくるための条件が見出される、というものである。それゆえ、充足根拠律は可能的経験の根拠である、つまり、時間継起のうちなる諸現象の関係についての、諸現象の客観的認識の根拠である（KrV B 245f./A 200f.）[17]。

ここには経験の成立条件についてのカントの基本的立場が改めて示されている。前半部では、可能的経験に属する知覚が、どのような条件のもとで現実的なものになるのかが示されている。経験的認識に必要とされる構想力による多様なものの総合は継時的であるので、諸知覚は継時的、継起的なものとして表象される。しかし構想力は知覚aと知覚bについて、そのどちらが客観のうちで先行しどちらが後続するものであるのかを必然性をもって決定することができない。前後関係の決定のために何が必要であるのかについては、次節で取りあげる。後半部の「先行するものの中には、出来事が常に（つまり必然的な仕方で）続いてくるための条件が見出される」ということで、充足根拠律が示されている。生起するものはすべて自らに先行するもののうちに自分のあることの根拠をもつ、ということで根拠律が示されているわけである。また、ここでは可能的経験が、「時間継起のうちなる諸現象の関係」と言い換えられている。それぞれの事象が先行するもののうちに自らの現存在の根拠をもつという仕方で存在しているという、諸現象の継起的関係が生じることの根拠として、ここでは充足根拠律が理解されており、経験そのものに先立ち経験の可能性を制約するものとみなされているわけである。ただしこの原理は「時間のうちなる」諸現象にのみ関わるものであり、時間の外、ないし時間を超えたところにあるはずの諸対象については、そのものの「関係」すなわち原因と結果の関係の根拠となるものではない。換言すれば充足根拠律はここで、時間継起という制約のうちなる諸現象について、その関係を制約するにとどまる。この引用文の後、「この根拠律の証明根拠はただ次の諸契機に基づく」（KrV B 246/A 201）という文で始まる段落があり、この諸契機についての説明がみられる。その主旨は、先の箇所での説明と同様、構想力の総合だけでは経験は成立せず、経験成立のためには、経験そのものの可能性の制約である「原則」が必要とされる、ということである。現象aが現象bに先行するという私の知覚の妥当性を保障するものは、このような経験判断の真理性を制約する「時間継起の原則」であり、純粋悟性のはたらきである、ということがここに述べられている[18]。

以上にみる限り、一八世紀ドイツ講壇哲学の「充足根拠律」とカントの「因果性法則」（KrV B 232）の違いは、後者が「時間」形式を前提し、この形式を通じて与えられる対象にのみ適用されるのに対して、前者にはそのような制限が与えられていないことにあるといえる。以下では、この点について確認したい。

第四節　経験の成立条件としての因果性法則

既にみたようにカントによれば、私たちの認識の対象である現象は、感性と悟性のはたらきならびに両者を結びつける構想力によって生成する表象であり、私たちの経験する世界は、表象として現象する諸々の事象の総体として成立する。これが経験的に実在する世界である。「感性なしにはいかなる対象も私たちに与えられない。〔…〕内容なき思惟は空虚である」（KrV B 75/A 51）。[19] 換言すれば、悟性による思惟は感性の与える内容を必要とする。そして感性、構想力、悟性という認識能力に対応するものだけが対象となり、それが現象する事象領域を構成し、その全体が私たちにとっての世界となる。これが認識ならびに経験の成立に関する批判期カントの基本的な立場である。この点についてカントは、認識の対象であり、私たちにとっての世界を構成するものである現象について、以下のように説明している。「〔…〕現象それ自身は感性的表象以外の何ものでもなく、この表象自身は、また同様に（表象能力の外にある）対象とみなされてはならない」（KrV A 104）この文は第一版にのみみられる。現象とは、認識活動を行う主観が自ら感性的に表象するところのものであり、あくまでもこの主観自身の能力と相関関係にあるものである。カントによれば、そもそも「経験はただ知覚の必然的結合の表象を通じてのみ可能である」（KrV B 218）。[20] そして、「経験は〔…〕知覚の総合である。この総合はそれ自身知覚のうちには含まれておらず、一つの意識のうちに知覚の多様の総合的統一を含んでいる。〔そして〕この統一が感官の客体の認識の本質を、つまり（感官の単なる直観ないし感覚の本質ではなく）経験の本質を構成する」（KrV B 218f.）。以上の説明によれば、私たちの経験はあくまでも知覚を素材として前提し、これに対して認識主観がはたらきかけるところに成立するものに他ならない。したがって知覚できないものについて経験は成立せず、もちろんこれを認識することもできない。経験すなわち知覚の総合は、主観のはたらきである「総合統一」作用によってはじめて生み出される。そしてこの「統一」というはたらきが「経験の本質」であるとみなされている。つまりカントによれば、認識主観の活動のうちで行われる「知覚の多様の総合統一」こそが、私たちの経験の本質に他ならない。それは経験を意味する「知覚の総合」が「知覚」そのもののうちには「含まれておらず」、知覚そのものだけではいわば単なる多様であり何ら統一あるものではないということに対応する。「感官の単なる直観ないし感覚の本質ではなく」とは、色や音、冷たさや温かさといったJ・ロックの述べる「二次性質」[21]だけでなく、客体自体がもつとされた客体の固性、大きさ、数など彼のいう「一次性質」を含む経験の全体が、この主観の統一作用の産物であるということに他ならない。では、ここで経験を生み出すとされる認識主観の「総合統一」とはどのようなはたらきであるのか。因果律に関わる「経験の第二類推」の箇所でカントは以下のように述べている（なお次にみる三つの引用（KrV B 233f.）はすべて第二版で書き加えられた部分にあたる。第一版に対する読者の批判を受け、特に詳述することが強いられた箇所の一つであると考えられる）。

私はただ、私の想像力 Imagination があるものを先に、そして別のものを後に置くということを自覚するだけであり、決して客体のうちである状態が別の状態に先行するということを意識してはいない。換言すれば、単なる知覚によるだけでは互いに継起する諸現象の客観的な関係は規定されないままに止まっている（KrV B 233f.）。

認識を構成する端緒に位置づけられている「単なる知覚」の段階では、総合されるものは未だ感官に与えられた多様なものというほどの内容に止まり、「継起する関係」は定まっていない。[22] また、「客体」そのもののうちでどのような継起が生じているのかは、私たちには決して分からない。現象の継起する関係を定めるためには単なる知覚以外のものが求められる。知覚されるものの順序をただ恣意的に決めるのではなく、何らかの作用によって不可逆的に制約するものが必要となる。この点については次のようにも述べられている。

この〔継起する諸現象の〕関係が規定されたものとして認められるためには、二つの状態のうちのどちらが先に、どちらが後に置かれるのかが、またそれらが逆になることはありえないということが、この関係によって必然的に規定されていると考えられねばならない（KrV B 234）。

経験の成立する場面で、ある状態が先行し、別の状態がこれに後続することを定めるもの、その継起関係を必然化するものがここで求められている。換言すれば、知覚そのもののうちには前後関係を規定するものはなく、その関係はあくまでも漠然としているにすぎない。[23] そして、これを規定するものは現象するもののうちには見出すことができず、個々の知覚ないし現象とは異なるもの、ア・プリオリな原理として現象に先立つ位置からこれを制約するものであると考えられる。そして、先の引用に以下の文が続く。

しかし総合的統一の必然性をもちあわす概念は、ただ純粋悟性概念だけであるが、この概念は知覚のうちにはない。そしてここではそれが原因と結果の関係という概念であり、前者は後者を時間のうちで結果として規定しており、単に構想のうちで先行しうる（ないしは、それどころかどこにも知覚されない）ものとして規定するものではない。すなわち私たちが現象の継起を、つまりあらゆる変化を、因果法則のもとに服従させることではじめて、現象の経験的認識は可能となる。また経験の対象としての現象そのものも、ただ同様の法則に従ってのみ可能となる（ibid.）。

ここには継起する諸現象の客観的な関係ないし前後関係を規定するもの、しかも必然性をもって規定するものが、純粋悟性概念であることが改めて示されている。「総合的統一」とは、継起する諸現象の客観的な関係の生成であり、その前後関係の構成である。そして認識の成立に関してはおよそ以下のように述べられている。知覚そのものの前後関係を指定する規則はなく、その関係は恣意的であるに止まる。換言すれば感性的に受容された知覚の多様のうちには未だ秩序がない。また「構想のうちで」先行し後続するということも、恣意的である。つまり構想力のはたらきそれ自体は与件に必然性をもつ前後関係ないし秩序を与えるものではない。構想力は恣意的に対象の前後関係を変えることができる能力でもある。そしてこれが規定されるためには、秩序ないし順序を与える特殊な規則が必要となる。

そのことによって、はじめて私たちにとっての経験が成立する。ここで必要とされているのが規則を与えるもの、つまり純粋悟性概念である。この純粋悟性概念がある知覚と別の知覚の連鎖を別様にではなく、まさに現にあるような順位に規定する。知覚bは知覚aに続くものとして、また決してその逆にではなく、この悟性概念によって規定される。知覚の総合が行われるに際して、このような一定の順位ないし秩序が構成され、またこの構成を通じてはじめて経験が成立するのであり、客観のうちに順位や秩序があらかじめ置かれているのではない。繰り返すならば、悟性による「知覚の多様の総合統一」が経験の本質である。ここで「総合的統一の必然性をもちあわす概念は、〔…〕知覚のうちにはない」（KrV B 234）ということに言及しているのは、この点について特に強調する必要があったからに他ならない。すなわち、知覚そのものの次元には、知覚相互の前後関係を必然性をもって規定するものはないのだと語ることで、因果律が経験のうちに起源をもつ概念ではなく、経験に先立ち経験そのものの可能性を制約する契機であることを改めて強調するわけである。[24] 換言すれば因果律は経験に起源をもつ概念ではなく、経験に先立つ特殊な概念に他ならない。また「どこにも知覚されない」原因の可能性を廃除することで、無制約的な原因が否定されている。この説明は、事象連鎖のうちに知覚されることのない原因、すなわち、何ものによっても制約されていない端的な第一原因を認める立場を否定するものに他ならない。

以上を纏めるならば、経験の対象となりうるのは、認識主観の活動のうちなるものであって、この活動の外部にあるもの、主観から独立し自存するものは私たちには認識することができない。ここで対象のうちなる秩序、順位を生み出しているのが因果性という純粋悟性概念である。経験のうちに秩序や不可逆的な順位が見出されるのは、まさにこの悟性概念の制約のゆえである。そして経験の成立に先立つ位置からこの純粋悟性概念が作用することによって、事象生起の前後関係が定まる。見方を変えれば、感官を通じて受容されたものが時間のうちで原因と結果という概念のもとに包摂されることで、はじめて事象相互の前後関係が確定し、経験が成立するといえる。また、このように秩序づけられた事象だけが、私たちにとっての経験の内容となるものに他ならない。そして、ここでの「原因と結果の関係という概念」ないし「因果性」と名付けられる純粋悟性概念が、ライプニッツやヴォルフなど先行哲学者のもとでの「充足根拠律」にほぼ対応する。先にみたように確かにカントもまた、「充足根拠律は可能的経験の根拠である」（KrV B 246/A 200f.）と述べていた。

おわりに

先行哲学者の立場と『純粋理性批判』の立場が明確に異なる点として、後者では現象とその基体としての独立自存するものの区別に基づき、現象ないしフェノメノンのみを認識の対象と認めていることがあげられる。認識され経験されるのはあくまでも空間ならびに時間的に生起するフェノメノンであり、感性的に対象化できないものは可能的経験の領域から除外される。批判期のカントからみると、先行哲学者の立場はこのような区別を前提とすることなしに、充足根拠律を可能的経験の成立条件とみなしていることになる。また批判期の立場からみるならば、『就職論文』には感性的与件を悟性概念へともたらす特殊な「時間規定」についての洞察が欠けていた。この「超越論的」と形容される「時間規定」のうちに批判期の新たな視座を認めることができる。この時間規定を受けることのないもの、認識主観から独立する自体的な存在や、世界に外在する存在者は可能的経験の対象から除外され、充足根拠律の適用対象からも除外されることになる。既にみたように「充足根拠律は可能的経験の根拠である」。この点について先行哲学者と批判期のカントの間に違いは認められない。では、これに続く以下の文についてはどうか。「つまり、〔充足根拠律は〕時間継起のうちなる諸現象の関係についての根拠である」（ibid.）。時間継起のうちに現れる諸事象について、これを私たちの認識能力に相関的な現象にすぎないとみなす視点は、先行哲学者にはなかった。ライプニッツ、ヴォルフ、バウムガルテンなどは事象連鎖の系列の外部に系列の第一項を置き、そこに系列全体の充足根拠を認めていた。これに対して『純粋理性批判』の立場からみるならば、充足根拠律は時間継起のうちに対象化することのできないもの、例えば「世界に外在する存在者」を認識するための原理となるものではなく、ただ時間継起のうちなる諸現象の関係についての根拠であるに止まる。この点がライプニッツやヴォルフならびに『就職論文』での自身の立場と異なるわけである。つまり充足根拠律は時間的に把握することのできる対象相互の関係を制約する原理ではあるが、時間性を離れたものについては、これを自らのもとに包摂することができず、認識することができないとみなすのが、批判期のカントの視座である。以上の考察から、カントは従来からあった充足根拠律というア・プリオリな原理をア・プリオリな様々な概念の一つである「原因と結果」とみなしたと解釈することができるだろう。可能的経験の対象領域を現象するものの領域に制限する批判期のカントにとって、この制限を洞察することなく充足根拠律の妥当性を認める立場は、容認することができなかったわけである。このような背景から充足根拠律をそのまま原理として承認することを拒否し、これに代わる「原因と結果」に純粋悟性概念の一つという位置づけを与えることで、自らの視座が先行哲学者と異なることを示したものと考えられる。

後注

1 Vgl. Arthur Schopenhauer, *Ueber die vierfache Wurzel des Satzes vom zureichenden Grunde*, Rudolstadt 1813, § 12, S. 18.
2 カント自身が述べるように、これはクルージウスに従うものである。Vgl. ibid.
3 デカルトは『哲学的省察』で以下のように述べていた。「一方で、私がただ思惟するだけで、非延長的である限りにおいて、私は自分についての明晰で判明な観念をもち、他方で、それがただ延長であって、思惟することがない限りにおいて、身体についての判明な観念をもつのであるから、〔…〕私が私の身体から、事実分かたれており、身体なしに存在することは確かである」（René Descartes, *Med-tationes de prima philosophia* 1641; hrsg. Lüder Gäbe, Lat-Dt. Hamburg 1992, VI § 9, S. 140f.）。
4 例えば以下を参照。「実体の図式は、時間における実在的なものの常住性である、つまり経験的時間規定一般の基体としての実在的なものの表象である」（KrV B 183/A 144）。
5 この問いが、後年『純粋理性批判』で、感性の与件と悟性概念の間に認められる非同種性を仲介する「第三のもの」（KrV B 177）を要請する契機となったはずである。この点については次節で取り上げる。
6 以下のマルクス・ヘルツ宛書簡を参照されたい。Brief an Marcus Herz, 21. Febr. 1772; *Kant's gesammelte Schriften*, hrsg. von der Königlich Preußischen Akademie der Wissenschaften (und ihren Nachfolgern) (AA) Berlin 1900ff., Bd. X 129ff.
7 後にみるように、「世界に外在する存在者」はバウムガルテンの『形而上学』にみられる表現である。二律背反の「定立」に通じるこの世界観ならびにこのタームをカントはバウムガルテンから受容したものと思われる。
8 G.W. Leibniz, *Monadologie* (Mon), auf Grund der kritiscehn Ausgabe von A. Robinet u. Übersetzung von A. Buchenau ... hrsg. von H. Herring, Hamburg 1969, § 37.
9 Christian Wolff, *Vernünfftige Gedancken von Gott, der Welt und der Seele des Menschen, auch allen Dingen überhaupt* (DM), Halle ^{11}1751 (^{1}1719) § 1080; WW I. 2., .
10 Alexander Gottlieb Baumgarten, *Metaphysica* (BM), Halle ^{4}1757 (^{1}1739) § 388; Lat. u. Dt. übers. von Günther Gawlick u. Lothar Kreimendal, Stuttgart-Bad Cannstatt 2011.
11 以下を参照。BM § 381.
12 この箇所は第一版では「産出の原則」というタイトルのもとに「生起する（存在することを始める）すべてのものは、このものがある規則に従って継起するところのものを前提する」（KrV A 189）と記されていた。

13　デカルトは次のように述べていた。「実体のもとで私たちは、そのものの現存在のために、そのもの以外のいかなるものの助力も必要としないという仕方で現存在するものを理解する」（René Descartes, *Principia Philosophiae*, Amsterdam 1644; translated by John Veitch,〔…〕Dent London 1975, Part I. LI, p. 184）。

14　後続箇所で「諸変化の起源は力と名付けられる」（DM § 115）と述べたうえで、この考え方が「ライプニッツ氏」（DM § 116）由来のものであると記している。ライプニッツは『動力学試論』で次のように述べている。「〔…〕原始的能動力、これはどの物質的実体それ自身にも内在している（なぜなら私は、完全に静止している物体というものを事物の本性と相容れないと考えるので）」（G.W. Leibniz, *Specimen dynamicum*, Lat. u. Dt. hrsg. u. übers. von Hans Günther Dosch u.a., I. Teil, Hamburg S. 6）。

15　『ドイツ語の形而上学』第一章でヴォルフは、デカルトの「私は考える、ゆえに私は存在する」という有名な命題を念頭に置きつつ、自己の存在を認識することについて考察している。そこでは例えば、次のような推論が示されている。「自己自身ならびに他の事物を意識している者は、存在する。私たちは私たち自身ならびに他の事物を意識している。それゆえ私たちは存在する」（DM § 6）。

16　「誤謬推理論」でカントはデカルトの「私は考える、ゆえに私は存在する」（KrV B 405/A 347）を取り上げ、この「考える私」を「すべての概念に随伴する単なる意識にすぎない」（KrV B 404/A 346）と批判する。

17　充足根拠律というタームはさらに二か所、（一）経験の類推を総括する箇所（KrV B 264/A 217）ならびに（二）「方法論」の「純粋理性の訓練」（KrV B 811/A 783）でそれぞれ簡潔に言及されている。

18　同箇所では、次のように述べられている。「それゆえ、後続するもの（生起するところのもの）が、それに従って何等かの先行するものを通じて自らの現存在について必然的に、また規則に従って時間のうちで規定されている（可能的な諸知覚としての）諸現象の関係は、それゆえ結果に対する原因の関係は、諸知覚の系列についての私たちの経験的判断の客観的妥当性の条件であり、すなわち、経験的判断の経験的真理の条件であり、それゆえ経験の条件である」（KrV B 247/A 202）。なお、「第二類推論」での充足根拠律についてのカントの解釈を「ヴォルフ学派に対するカントの応答」とみなす以下の論稿がある。増山浩人『カントの世界論　バウムガルテンとヒュームに対する応答』北海道大学出版会、二〇一五年、「第4章　第二類推論と充足根拠律」（一二三―一四九頁）。そこで増山は「命題が真であるための根拠にかかわる『充足根拠律』〔…〕と物の『現存在の根拠』にかかわる『充足根拠律』〔…〕を区別し、それぞれ異なる適用範囲と証明方法を要求することで、カント〔は〕ヴォルフ学派の『充足根拠律』の証明の問題点を解決しようとしていた」（一三〇頁）とみなす。根拠律をその内容に即して区分することは、ヴォルフを批判するクルージウスが既に行っており、作用因と現実存在の根拠、ア・プリオリな認識（理念的）根拠とア・ポステリオリな認識（理念的）根拠という区別を提示している。興味深いテーマではあるが、今後の課題とさせていただく。

19 この箇所はデカルトがスコラ哲学者の言葉として引く以下のテーゼを想起させる。「一度も感覚のうちになかったものは、悟性のうちにはない」。René Descartes, *Discours de la méthode*, Leyden 1637; übers. u. hrsg. von Lüder Gäbe, Fr-Dt. Hamburg 1990, S. 61. いったん感覚的に捉えられたものだけが悟性の包摂するところとなる、ということがこのテーゼの主旨であるとするならば、ここでカントはこのテーゼに立ち返っていることになる。

20 これは「経験の類推」の「原理」として第二版で提示された文である。第一版では「経験の類推の一般的原則：すべての現象は、その現存在については、時間のうちでの現象の相互的な関わりを規定する規則に、ア・プリオリに従っている」（KrV A 176f.）と記されていた。第二版で変更された箇所には次のような記述もみられる。「経験は経験的な認識である、つまり知覚を通じて客体を規定する認識である」（KrV B 218）。

21 ここでの論旨にはロックの認識論に対する批判が読み取れる。ロックは色、音、温かさなどを客体自身の持つ性質ではなく、そのものが私たちの感覚器官に受容されるに際して生じる性質であるとみなすことで、現象と客体そのものとを区別している。ロックの「一次性質」「二次性質」については以下を参照。John Locke, *An Essay Concerning Human Understanding*, London 1690; collated and annotated, Alexander C. Fraser in two vols, London 1980, vol. I, Book II Chapt. VIII 23, pp. 178-179.

22 「単なる知覚」の段階を経験成立の最初の段階とみなすならば、これは第一版で提示された三重の総合のうちの第一段階である「直観における覚知の総合」（KrV A 98ff.）に相当するだろう。「覚知 Apprehension」について、「経験の類推」の当該箇所では以下のように述べられている。「覚知はただ経験的直観の多様を寄せ集めるものにすぎない」（KrV B 219）。「現象の多様の覚知は常に継起的である。部分の表象は相互に継起する。表象がまた対象のうちで継起するのかどうかについては、反省の第二の点であり、第一の点には含まれない」（KrV B 234/ A 189）。経験の素材を感官へと受容する段階、すなわち覚知の総合のうちでは、表象の契機が恣意的であるのか、それとも規則的であるのかは定まっていない。これを定めるためには、悟性概念による規則に従う表象相互の結合ということが必要となる。

23 カントは認識の成立のうちに段階を設け、その最初期にあたる原初状態を曖昧で多様な知覚の集合のうちにみている。

24 ここでの議論はD・ヒュームによる因果律批判が前提としてあり、これに対する応答という性格をもっている。ヒュームは以下のような問いを立てていた。「第一に、いかなる理由で、始まりをもつ事物はすべて原因をもつという命題を必然的だと私たちは述べるのか。第二に、なぜ私たちは、ある特定の原因は必然的にある特定の結果をもたらさねばならないと結論するのか。また、私たちが一方から他方を導く推理の本性とは、またその推理に置く確信の本性とは、どのようなものなのか」（David Hume, *A Treatise of Human Nature*, London 1739; ed. by L.A. Selby-Bigge, Second Edition 〔…〕 by P.H. Nidditch, Oxford 1983, Book I, Part III, Sect. II, p. 78）。カントの立場からみるならば、知覚そのもののうちに秩序や前後関係はない。そこに認められるのは知覚の多様な集まりにすぎない。知覚相互の結合ならびにその規則的な継起は、すなわち経験は、経験そのものの可能性を制約する純粋悟性概念による総合的な統一作用のもとではじめて可能となる。なお、この問題についても先に触れた増山の著書が周到に議論している。

第三章　カント前批判期の「ボニテート」概念

はじめに

カント倫理学を特徴づける概念の一つとして「善意志」をあげることができるだろう。「善意志」はあらゆる相対的な「善」を超えて、無条件に「善なるもの」として提示される概念である。この善意志概念をカントは、批判期最初の倫理学書『人倫の形而上学の基礎づけ』（1785、以下『基礎づけ』と略記）第一章の冒頭に、いわば自らの倫理学全体の最初の位置においている。したがってこの概念は、批判期以降のカント倫理学のはじまりを示していると考えることもできるだろう。ここでカントは善意志について、特に説明することなしに論述を始めている。善意志が何であるのかは少なくともある程度、その輪郭については誰もが理解しているというのがここでのカントの出発点であるように思われる。そのうえでこれを説明するために用いられるのが、後にみるように「定言的命法」である。また、「善意志」は前批判期の道徳や宗教に関わる著書には、少なくとも重要なタームとしてはみられず、『基礎づけ』ではじめて自らの倫理学の特徴を表現するために用いられたものと考えられる。管見によれば「善意志」は、無条件に善なるものを求めるそれ以前のカントの思索がそこに結実する概念である。カントにとって善意志は、無制限、無条件に善きものが何であるのかを探究する長い思索の末に、ようやくたどり着いた概念であるというのが、筆者の見立てである。本章では、善意志概念の含意、また無条件に善なるものを求める『基礎づけ』以前のカントの思索について考察する。より具体的には、前批判期の一七六〇年代から七〇年代にかけての講義録、メモ書き遺稿、著書執筆のための準備草稿などにみられる「ボニテート Bonität」が、善性を端的に示すものとして繰り返し用いられていることを確認し、そのうえで批判期の「善意志」との異同について考察することにする。「ボニテート」については、例えば六〇年代のものとされるメモ書き遺稿に「道徳的ボニテートだけが絶対的であり、そして道徳的動機は純粋である」（Refl. 1020, XV 456）[1]という記述がみられる。また七〇年代のものとされるメモ書き遺稿には「〔…〕人格以外のいかなるものも絶対的な価値をもたない。そしてこの価値は、人格の自由な選択意志のボニテートに基づく」（Refl. 6598, XIX 103）[2]という記述がある。同じく七〇年代の講義録には「道徳性は、行為が内的なボニテートという動因から生じることに基づく」[3]というテーゼがみられる。以上のような事例をみるだけでも、「ボニテート」というタームが道徳についての反省の脈絡で繰り返し論じられていたことが分かるだろう。

第一節　「善意志」

『基礎づけ』第一章は次の文で始まる。

世界のうちで、いやそれどころか世界の外でさえ、無制限に善いといえるものは、善意志のほかには考えられない。理解力、知性、判断力、またそれ以外に精神の才能と名付けられるものや、勇気、決断力、目的を遂行する不屈さ、性質としての熱意、こういったものはすべて疑いなく様々な観点から善いものであり望ましいものである。しかし、もしこれらの天分を応用する意志が〔…〕善くなければ、それらは非常に悪いものに、そして危険なものになりうる（GMS BA 1/AA393）。

「善いもの」とは一般に、その当事者に利益をもたらし、満足を与えるものであるだろう。カントのあげる能力や性質は、これを自らがもつ限りで「善いもの」であり、それが他者にとって有害であり危険なものとなりうることは、様々な選別、競争、係争の場面を考えれば自明である。また「善い」はここで、A・ウッドとD・シェーネッカーによれば、それぞれの当事者にとって「価値」あるものを意味する。[4] したがって、ここにあげられている知性や勇気といったあらゆる価値は、当事者にとってだけ価値あるものであり、それ以外のひとにとっては好ましくないものでありうる。したがって、その価値は無制限ないし絶対的ではなく、相対的であることになる。これに対して「善意志」だけは、自分にとってだけでなく他者にとっても価値あるもの、唯一それだけが相対的ではない価値を有するものとみなされることになる。

この「善意志」についてカントは先ず、それと異なるものを列挙することで、またそういったものとの位相の違いを示唆することで説明している。しかし「善意志」が何であるのかについて、直接説明することは行っていない。これについては誰もが少なくとも既にある程度は知っているもの、理解しているものとして、話を始めている。つまり、善意志は倫理的反省の出発点に位置するものして、いわば前提されている。そして、この概念については、その後、次のように「定言的命法」を用いて説明される。

その原理が定言的命法であるはずの端的な善なる意志とは、したがって客体についてはまったく規定されておらず、ただ意欲の形式一般を含んでいるだけである、しかも自律として（GMS BA 95/AA 444）。

ここでの説明から「端的に善なる意志」すなわち善意志が、「定言的命法」を自らの「原理」とすること、つまり自らの実践規則とすることが分かる。意志は、それが善意志である限り「定言的命法」が求める普遍化可能な格率を自らの行為規則とするはずだ、ということである。善意志は自己愛に基づく意欲の個人的な原理にではなく、また自己の利益だけを求めるのでもないような原理に従う意志であるだろう。また善意志が「客体についてはまったく規定」されていないとは、意志の向かう客体、対象についてはまったく未決定であり、そういったものと関わることなしに、またそういったものに依存することなく、それらから独立するところで成立していること、つまり「自律」していることを意味するだろう。纏めるならば、端的に善なる意志は、具体的な客体をもつことなしに、もしくはこれをもつ以前に、自己にのみ基づいて自ら行為法則を立て、これに必ず従うような意志である。

また、善意志は「客体についてはまったく規定されて」いないので、「人格」や「人格のうちなる人間性」をも自らの向かう「客体」として定められているわけではないが、しかし一般に「目的の方式」と呼ばれる「定言的命法」に即して解釈するならば、次のようなことが考えられる。すなわち善意志は、「自己の人格のうちなる人間性」（GMS BA 66f. /AA 429）だけでなく「あらゆる他者の人格のうちなる人間性」（ibid.）をも、同様に尊重する意志であり、自己ならびに他者その人を、単に手段として扱うことはなく、同時に目的それ自体として扱う意志である、と。すなわち、客体についてまったく規定されていないこと、つまり、あらゆる客体から距離をとり、そういったものに対する欲求や欲望から独立することで、他者との間に生じるはずの利害対立から解放され、自他の人格のうちなる人間性を区別することなく、まったく同等に扱うことが可能となる、という解釈である。「善意志」は、一切の個人的な利害関心から独立し、自己と他者を区別することのない意志であると思われる。

換言すれば善意志とは、自己愛に基づく個人的で経験的な意志ではなく、身体に拘束される「私」の個体性の拠りどころとしての意志でもなく、この個体性を超えたところに想定される意志である。しかもこの意志は、倫理的反省の脈絡で「私」という行為主体のうちに位置づけられ、「私」がこれを直に意識することのできる、その意味で自分にとって最も身近な、善の基準となる意志だといえる。

第二節　道徳のもつ純粋性

刊行された著書に限れば、「善意志」は『基礎づけ』ではじめて独自の用語として用いられることになったタームであると考えられる。『神の現存在の論証のための唯一可能な証明根拠』（1763）、『自然神学と道徳の原則の判明性に関する考察』（1764）『美と崇高の感情に関する考察』（1764）、など、前批判期に書かれた実践の問題に関わる主要な著書で「善意志」は少なくとも重要な役割を担う用語としては用いられていない。またもちろん、普遍化可能な行為規則に自ずと従う意志といった定義のもとに用いられることもなかった。前批判期のカントは道徳性の核となるものについて、また道徳的反省の基点について、「善意志」とは異なる概念を考えていたようである。この脈絡で重要であると思われるタームとして、講義録にみられる「道徳的率直性」「ピューリティー」「ボニテート」などをあげることができる。『純粋理性批判』の準備期であり、「沈黙の十年」にあたる時期のものとされるヴェルナー・シュタルク編の『道徳哲学講義』[5]には「ピューリティー Purität」ならびに「純粋性 Reinigkeit」というタームが繰り返しみられる。例えば、「道徳法則はピューリティーをもたねばならない」（VPM 109）。そしてこの考え方の背景について、次のように述べている。「福音書の時代以来、道徳法則のまったき純粋性ならびに聖性をみることができる」（VMP 98）。また、「福音書はその道徳法則のうちにそのようなピューリティーをもつ。これは古代のどの哲学者ももってはいなかったものである。また教父の時代ですら、ただ外的な儀式を執り行う厳格主義者だけがいた。しかし儀式について、福音書はそれがまったく重要でないこと、決して問題でないことに、そして道徳的純粋性こそが重要であることに、しばしば言及している」（VMP 109）。同様の主旨は以下の文からも読み取れる。「謙虚であること Demut についての古代人のあらゆる概念や、あらゆる道徳的な諸々の徳は純粋でなく、道徳法則と一致するようなものではない。唯一福音書がはじめて、道徳法則をその純粋性にもたらした。また歴史が証明しうる限りでは、福音書ほど道徳法則をそのような純粋さにもたらしたものは他にない」（VMP 186）。「福音書」に対するこのような賛辞は、批判期以降の倫理学に直接つながっている。例えば『実践理性批判』（1788）で「何ものにもまして神を愛し、きみの隣人をきみ自身と同様に愛せ」（KpV A 147/AA 83）を引き、これを純粋な道徳性の原理の例としたうえで、これと対を成す不純な行為原理として「何ものにもましてきみ自身を愛し、神やきみの隣人を、きみ自身のために愛せ」（KpV A 148 Anm./AA 83 Anm.）をあげることで、自己愛に基づく実用性の次元に成立する行為原理と、実用性から独立する純粋な原理の違いを明示している。またこの「隣人愛」の義務は『人倫の形而上学』（1797）でも改めて「他者が自らもつ目的を（それが非道徳的でない限り）私の目的とする」（MST A119/AA 450）こととして示されている。ここでは「目的」と「手段」という別の対概念を使って、他者を手段として扱うのではなく目的として扱うことのうちに、改めて自己愛や実用性といった一切の経験的な制約から独立する純粋な行為原理が論じられている。以上の引用から、批判期の著書が書かれる以前から九〇年代に至るまで、一貫してカントが純粋な道徳原理を求めていたことが分かる。

第三節　「古代の哲学者」の道徳概念

では先の講義録で「福音書」と対照的に語られていた「古代の哲学者」は、自己愛や有用性、実用性といった原理からまったく独立する倫理学をもっていなかったのだろうか。この点について簡潔にみておきたい。ここで先ず想起されるのがいわゆる「枢要徳」である。[6]プラトンは『国家』で特に重要な徳として「知恵」「勇気」「思慮」「正義」をあげている。これらの徳は、ヨーロッパ文化圏では現代に至るまで主要な徳として尊重されている。「知恵」についてプラトンは、「国家自身の全体について、どのようにすれば自国のことに、また他の諸国家に最もよく対処することができるか」[7]という問いに答えることのできるような知識をあげている。また「勇気」については、「恐ろしいものについて、それが何でありどのようなものであるのかについて、法律により教育を通じて生みだされた意見を保持すること」[8]であるといわれる。そして「思慮」については「思慮とはある種の態度であり、何らかの欲望や欲求を抑制すること」[9]とされる。さらに「正義」については「誰もが自らのものをもち、そして行うこと」[10]と述べられている。『基礎づけ』第一章の冒頭でカントは「理解力、知性、判断力、またそれ以外に精神の才能と名付けられるもの」を善きものとしてあげたうえで、その所有者が善なる意志をもたなければ、社会にとって有害なもの、負の力をもつものとなりかねないとみなす。これは「枢要徳」の一つである「知恵」に対するカントの解釈だといえる。自国を善く統治し、他国とよき外交関係を築くという「知恵」を、自己や他者、自国と他国の利益に関わる実用性の問題への知であり見識であるとみなすならば、確かにそれらは社会的にみて善きものではあるが、自己や他者の自己愛から独立するような、その意味で純粋な「善」であるとはいえない。「勇気」についてもカントは同じ観点から、その所有者が反社会的な人間であれば、危険なものになるとみなす。「勇気」「決断力」「根気」について、「しかしそれらは、もしそれら自然の恵みを用いるはずの意志が善くなければ、また意志の独特の性質である性格が善くなければ、きわめて悪く有害なものになりうる」（GMS BA 1/AA 393）とカントは述べている。また「思慮」についても「知恵」「勇気」と同様、当事者の意志が善くなければ、社会にとって好ましくないものになるだろう。「正義」にあたる命題は同箇所にみられない。しかし「誰もが自らのものをもち、そして行うこと」もまた自己愛を前提とし、これを認めたうえでの善とみなしうる。また、一般に極端ではなく適切な程度を保つこと、自己の情動をコントロールすることを意味する「中庸」についても、次のように語ることでカントはその無制限の善性を認めない。「興奮や情動の節制、自制や冷静な思慮は、様々な観点からみて善いだけでなく、さらには人格の内的価値の一部を成すように思われる。しかしながら、無制限に善いと語るには多くのことが欠けている（それらは古代人には無条件に賛美されていたのではあるが）」（GMS BA 2/AA 394）。このように語ることで、カントは自らの倫理学のもつ基本的な特徴について、それがどのようなものではないのかということを説明することで、明示している。[11]

第四節　純粋な善としての「ボニテート」

では、ギリシャ哲学以来の伝統をもつ枢要徳から離れたところでカントが求めた徳ないし善とは、どのようなものだったのか。ここでもう一度カントの講義録に戻って考察することにしたい。先にみたシュタルク編の『道徳哲学講義』にはまた、以下のような記述がみられる。

　道徳性は、行為が内的なボニテートという動因から生じることに基づく。そしてこのことは道徳的率直性（rectitudo moralis）に帰属する。したがって行為に対する最高の動因は道徳的率直性である（VMP 96）。

ここでは「率直性」が道徳と結びつけられている。率直であるとは、何かが媒介物を通さず真っすぐに進むことである。辞書によれば „rectitudo“ は「直線性、率直性 Geradheit」、「正当性 Richtigkeit」「妥当性 Billigkeit」などを意味し、この語のもとのタームである形容詞 „rectus“ の最も基本的な意味は「直線的」である。この語はまた、人間の性格について用いられる「素直」や、「義務にかなった」をも意味する。[12]

最初の文は、道徳性とはどのようなものであるのか、ということを提示しようとしている。この文によれば、行為は何らかの動因によって生じるという前提のもとに、行為が「内的なボニテート」という動因から生じるとき、行為は道徳性をもつことになる。では、「ボニテート」とは何か。「ボニテート Bonität」はラテン語 „bonitas" に由来する。辞書によれば „bonitas" の一般的な意味は「善きもの」「善きものの性質」であり、人間に関する脈絡では「心の善性」「繊細な善意」「高貴な心の態度」などである。[13] また „bonitas" は „bonus" に由来し、„bonus" は善、優秀、卓越などを意味するギリシャ語 „ἀγαθός" に由来する。先の引用文に戻るならば、「内的ボニテート」とは、行為の動因となる何かであり、この動因に基づくことで行為は道徳性をもつことになる。つまり、行為は内的ボニテートに従って生じるとき、道徳的となる。またここでの記述によれば、内的ボニテート・善性は、道徳的率直性を意味し、それは「義務にかなったこと」でもある。「ボニテート」については、次のようにも説明されている。

> したがって道徳的ボニテートとは、私の選択意志によるすべての行為を普遍妥当的に一致させるような規則によって、私の選択意志を支配することである。また、すべての自由な選択意志の一致を可能にする原理であるような規則が、道徳的な規則である（VMP 31）。

ここで「道徳的ボニテート」が意味するのは、すべての人の「自由な選択意志」が相互に一致するような原理に関わる心の善性である。換言すれば、各人の自由な選択意志がいわば相互に、矛盾対立することなく一致するような規則に関わる心性である。ここに提示された考え方は、道徳性は選択意志が普遍化可能な格率を自ら選ぶところに成立する、という考え方に通じ、「定言的命法」の普遍的法則の方式[14]を想起させる。ここで道徳的な規則は、『基礎づけ』での論述と同様、普遍的な妥当性を要求する[15]。では、「私の選択意志によるすべての行為を普遍妥当的に一致させるような規則によって、私の選択意志を支配すること」とされた「道徳的ボニテート」とは何なのか。以下ではアカデミー版カント全集の編者エーリッヒ・アディッケスが六〇年代から七〇年代のものと推定するメモ書き遺稿に記された「ボニテート」をみることにしたい。

「直接的なボニテートは悟性のもとで最大となる。というのもボニテートはそこで必然的であり普遍的であるからだ」(Refl. 3846, XVII 311)[16]。悟性を対象についての判明な理解をもたらす能力とみなすならば、この能力のもとで何が善いものであり何が善くないかが明らかになるだろう。感性と対を成す能力として悟性を理解するならば、ここでの記述は曖昧な表象をもたらす感性のもとでではなく、対象についての判明な表象をもたらす悟性のもとで、ボニテートは「最大」となる、と読める。また、意志が認識能力に従うところに「自由」が成立すると考えるヴォルフ主義に即して解釈するならば、単なる欲求能力ではなく、悟性に基づく欲求能力に従うことで、最大のボニテートが得られると、解釈することもできる。また、様々な「ボニテート」のあることを前提に、次のようにいわれる。

道徳的ボニテートだけが絶対的ボニテートであり、そして道徳的動機は純粋である(Refl. 1020, XV 456)。

道徳的動機とは、実用的動機と区別された動機であり、それが自らの利益など経験的な一切の制約から独立するものであることが、ここで「純粋」だとされている。次のメモ書き遺稿では「完全性」という一八世紀の倫理学にしばしばみられる概念とともに用いられている。

ボニテートは完全性の根拠である〔…〕。人間のボニテートは道徳的ボニテートである。相対的なボニテートとは、ある別の好ましいもののための〔…〕単なる手段であるようなものである（Refl. 4028, XVII 390）。[17]

「手段」は「目的」と対を成す概念であり、単なる手段となるものとは、それに価格をつけることのできる相対的な価値をのみもつものである。[18] これに対して手段がそのためにあるところのものが「目的」である。そして特に人間は、目的となって決して単なる手段となってはいけないものだというのが、批判期カントの基本的な考え方である。決して単なる手段として扱われてはならず、常に目的として扱われるべき存在には、相対的ではなく絶対的な価値が置かれている。このような特別の価値をもつものについては、次のようにもコメントされている。

〔…〕人格以外のいかなるものも絶対的な価値をもたない。そしてこの価値は、人格の自由な選択意志のボニテートに基づく。自由は、始まるところのすべてのものの第一根拠を含むものであり、同時にまた自立的なボニテートを唯一含んでいるものでもある（Refl. 6598, XIX 103）。

引用箇所の記述を要約するならば、（一）ボニテートは多様であるが、道徳的ボニテートだけが絶対的なボニテート、絶対的な善である。（二）ただ人格だけに絶対的な価値が認められる理由は、人格が自由なボニテート・善性をもつから、ないしはもちうるからである。換言すれば、自由な選択意志のボニテート・善性こそが、人格のもつ特殊な価値を生みだすものである。道徳的ボニテートだけが絶対的な善性である、という観点は、善意志だけが絶対的に善きもの、価値あるものだとみなす観点に通じる。両者はともに無条件に善きものは何かという問いに対する答えとして考えられるものである。また、人間を自由な存在者と考える限り、その選択意志は善くも悪くもありうる、つまり善き動因に従うことも悪しき動因に従うことも可能であるだろう。自由な選択意志のボニテートは、この前提のもとで、善き動因に従うことのうちに成立する。そしてこの自由な選択意志が自己愛に基づくのではなく、例えば自己を他者と同じように尊重することに基づいて行為選択するならば、それは道徳的ボニテートとなるだろう。様々な価値を価値づけるのは人間であり、その人格のうちなる選択意志のボニテートこそが、価値の価値、すべての価値の根拠だということである。したがって、ここでの「道徳的ボニテート」は、それ以外の様々な価値と同列にならべることのできないものである。

またアカデミー版カント全集のインデックス編纂に長年携わっているノルベルト・ヒンスケは、『「美と崇高の感情に関する観察」〔一七六四〕への覚え書き』[19]のためのインデックスの「緒言」で次のように述べている。

〔ゴットフリート・〕マルティン編の『一般カント・インデックス』によれば、「ボニテート」は刊行された著書には一度も用いられていない。それと異なり、七〇年代の倫理学講義にはこの語が繰り返しみられ、また六〇年代はじめにヘルダーによって筆記された「ヘルダーの実践哲学」にもみられる（アカデミー版カント全集第二七巻五頁を参照）。しかもキーワードとして用いられていることも稀ではない。また人間学のメモ書き遺稿にも時たまこの語がみられる（『レフレクシオーン』一〇二〇番を参照）。ボニテートという語はカントが講義で用いる用語であり、次第に〔…〕廃棄されるに至ったように思われる。いずれにしろこのボニテートというテクニカルタームをカントは『「美と崇高の感情に関する観察」への」覚え書き』で、倫理的反省の内的なつながりのうちに用いている。〔…〕そこで主題化されているのは、道徳本来の意味での好ましい態度を、それとは別の、非道徳的ないしは外見上道徳的であるだけの態度と区別するという試みである。様々な〔定言的〕命法があるのと同様に、ボニテートについての様々な形式がある。[20]

ヒンスケの記述からは、「ボニテート」が前批判期のカント倫理学的反省の脈絡で重要な役割を担っていたことが改めて確認できる。実践哲学の講義ではこのタームがキーワードとして用いられていたという指摘から、それがいかに重要視されていたかが想像できるだろう。

管見の限りでも「ボニテート」というタームは『基礎づけ』『実践理性批判』など批判期の倫理学書にも、九〇年代の『宗教論』や『人倫の形而上学』にもみることができない。これに対して先にみたように前批判期のメモ書き遺稿では、カントがこの語を「絶対的ボニテート〔善〕」（Refl. 1020, XV 456）――これはヒンスケが言及するメモ書き遺稿である――として用いることで「無制限に善といえるもの」（GMS BA 1/AA 393）と重なる。『「美と崇高の感情に関する観察」への覚え書き』には以下のような記述もみられる。

敬虔であることは、道徳的ボニテートを聖性へともたらすための補助となる媒体である。ある人の別の人への関わりにおいては、このことは問題とならない。私たちはもちろん神聖ではありえない。またこれを私たちは原罪により失った。しかし私たちは道徳的に善でありうる（AA XX 15）。

ここでの記述からは「道徳的ボニテート」が宗教的背景から生まれた概念であることが改めて分かる。「道徳的ボニテート」は世俗的な善性であり、これが「敬虔であること」を通じて、「聖性」へと至るというプロセスには、キリスト教が背景にある。ここでの「敬虔 **Frömmigkeit**」は、一七世紀末ドイツのプロテスタント派内部の改革派として、P・J・シュペーナーを指導者として起こり、一八世紀に影響力をもった「敬虔主義 **Pietismus**」を想起させる。伝記によれば、カントは家庭や少年時代の学校教育を通じて「敬虔主義」の宗教観をよく知っていた[21]。このような背景のもとに、あくまでも実用的な次元とは異なるところに道徳の原理を定めようと尽力するわけである。いずれにしても、ここでの「ボニテート」の省察は徹底してキリスト教の価値観の枠組みのうちでなされている。同じ『覚え書き』には次のような記述もみられる。

他者そのひと自身の感受性を通じて以外に、私が他者〔の心〕に触れることはできない。したがって私は、他者がなにがしか心のボニテートをもっていることを前提にしなければならない。そうでなければ悪徳についての私の叙述にその人は決して嫌悪の念をもたないだろうし、また私が徳を賞賛したとしても、決して心を動かすことがないだろう（AA XX 33）。

ここで「心のボニテート」は、道徳に関わるコミュニケーション成立のための前提となる概念とみなされている。すなわち、誰もがこの概念をもち、これを基準とするがゆえに「徳」や「悪徳」について議論することが可能となると考えられている。したがって、この徳と悪徳の基準となる概念には、誰もがこれをもつということ、つまり高い一般性が認められている。誰もが同じ「ボニテート」の基準をもち、これを用いて道徳的な事柄について話し合うことが可能になるとみなすわけである。道徳性の規準については次のようにも示唆されている。

なぜなら、最大の内的完全性と、そこから生じる完全性は、すべての能力と感受性が自由な選択意志に従属することのうちに成り立つので、〔私たちがもつ〕選択意志のボニテートに対する感情は、そこから生じうるあらゆる善き帰結とは、〔…〕まったく異なり、またそれらの帰結より以上に重要でなければならない。さて、この選択意志は、単なる自己の意志だけでなく一般的意志をも含んでいる。もしくは、人間は同時に一般的な意志との合意のうちに自己を考察する（AA XX 145）。

「選択意志のボニテート」とは選択意志の善性であり、これに対する私たちの感情とは、自分を特別扱いする自己愛に基づくのではなく、他者を自己と同様に扱うような意志に対する肯定的な感情であるだろう。ここでは選択意志に定位して、ボニテートすなわち善性が考察されている。この選択意志のはたらきが、これのもたらす結果より以上に「重要」でなければならない、とは、結果がどうであるかということとは別に、またこの結果より以上に、選択意志のはたらきそのものが、それが善なるものであるのかそうではないのかということが、より重要だということである。道徳性は、行為の結果によってはかられるものではなく、その動機そのものが善いものであるのか否かによってはかられる、という考え方をここに改めて確認することができる。

なおここでの「選択意志」は、カントが形而上学講義の教科書として用いていたA・G・バウムガルテンのテクストにみられる概念である。自らの『形而上学』「経験的心理学」でバウムガルテンは「選択意志」を「自らの嗜好に従って欲求し、忌避する能力」（BM § 712）と定義する。そのうえで、感性的な嗜好ではなく理性的な嗜好に従って欲求し忌避する選択意志を「自由な選択意志 liberum arbitrium」（BM § 719）と定義し、このタームに „freie Willkühr“（ibid.）という訳を付している。一七五九年以降一貫してカントは形而上学講義の教科書としてバウムガルテンの『形而上学』を用いていたので、[22] 講義やその予習復習を通じてこの用語を熟知していたはずである。『純粋理性批判』でもまた「〔…〕感性的衝動から独立し、そして理性によってのみ表象される動因によって規定され得る選択意志は、自由な選択意志」（KrV B 830/A 802）であると述べ、これを「実践的自由」（ibid.）と名付けている。この自由概念はバウムガルテンから受容したものに他ならない。先の『覚え書き』の引用文に戻るならば、そこでは以上のような背景をもつ「選択意志」が、行為主体の道徳性をはかるうえで、その主要な対象になるということである。

また引用文にみられる „allgemein“ は、「一般的」「普遍的」を意味するので、「一般的意志 allgemeiner Wille」は、「私」個人の意志を超えた、複数の行為主体を前提としてそれらの意志を統括する意志であるか、または普遍的な意志、つまり普遍的な法則を自らの動因とする意志だと解釈できるだろう。もしこれを普遍的な法則を自らの動因とする意志であると解釈するならば、各個人は自らの選択意志のもつ個人的な意志の選択を、同じく自らのうちにある普遍的な意志のもつ基準と比較することで、自らの選択が利己的なものにすぎないのか否かを査定することになる。

第五節　ボニテートと善意志

以上にみたように、前批判期の六〇年代からカントは無条件に善いものや、絶対的な価値をもつものを探究する脈絡で「ボニテート」というタームを用いていた。また道徳性をテーゼとして提示するための命題を省察するに際しても、「ボニテート」という用語を用いていた。六〇年代のもと推定されるメモ書き遺稿にみられる「道徳的ボニテートだけが絶対的ボニテート」（Refl. 1020 XV 456）である、とは、道徳的善性だけが絶対的善性であり、比較を超える価値をもつということを示すものである。また「道徳的動機は純粋である」（ibid.）という表現のうちには、道徳が実用性の次元とは異なる次元の価値であることを示している。また「道徳的ボニテート」を「絶対的」に善いものとみなすことのうちに、相対的ではなく、無制限に善いもの、特別の価値をもつものといった意味づけが認められる。これらは『基礎づけ』で「善意志」というタームが担う特別の価値と共通する。

七〇年代のものとされる『道徳哲学講義録』にみられる「道徳性は、行為が内的なボニテートという動機から生じることに基づく」（VMP 96）というテーゼは、行為が内的善性から生じることを、したがって有用性や実用性といった外的な善性の動機から生じるのではないことを、またその行為のもたらす結果からはかられるのではないことを意味している。その限り、行為が定言的命法に従うところに道徳性を認める批判期の立場と一致する。善意志とは、有用性や実用性に基づくのではなく、あくまでも純粋な道徳原理に従う意志である。純粋な道徳原理を探究する脈絡で、カントは長らく「ボニテート」という用語を用いて道徳理論の構成を試みていたが、批判期の著書で実際にその原理を提示する段になって、その理由が何であったのかは定かでないが、善意志という用語を用いることになったわけである。

後注

1 カントの遺稿の年代推定は、アカデミー版カント全集所収の遺稿集の編者アディッケスの年代推定に従う。アディッケスによれば、このメモ書き遺稿は一七六九―一七七〇年頃のものである。なお、年代推定についてはアカデミー版カント全集一四巻の「緒言」でのアディッケスの説明を参照いただきたい。*Kant's gesammelte Schriften*, hrsg. von der Königlich Preußischen Akademie der Wissenschaften (und ihren Nachfolgern) (AA) Berlin 1900ff., Bd. 14, S. XVII – LXII.

2 アディッケスによれば同じく、一七六九―一七七〇年頃のものである。

3 *Immanuel Kant Vorlesung zur Moralphilosophie* (VMP), hrsg. von Werner Stark, Berlin 2004, S. 96.

4 シェーネッカーとウッドは次のように述べている。「(それ自身善なる意志)の無制限な善というカントのテーゼを理解するには、『無制限に善い』という表現にみられる『善い』を『価値がある』という付加語と取り替えてみるのがいい。したがってカントの主張は、ただ善意志だけが『無制限に価値がある』ということである」(Dieter Schönecker, Allen Wood, *Kants „Grundlegung zur Metaphysik der Sitten". Ein einführender Kommentar*, Paderborn u.a. ^{2}2004, ^{1}2002, S. 41)。

5 編者シュタークはこの講義録が一七七三/七四年冬学期または一七七四/七五年冬学期に筆記されたものとみなしている。以下を参照。

VMP, Nachwort von W. Stark, S. 402ff.

6 例えば定評のあるマイナー社の哲学辞典には「枢要徳」として最初にプラトンの「知恵」「勇気」「思慮」「正義」があげられている。以下を参照。Artikel „Kardinaltugenden" in: Armin Regenbogen u. Uwe Meyer hrsg., *Wörterbuch der philosophischen Begriffe*, Hamburg 2005, S. 336.

7 Platon, *Der Staat*, bearb. von D. Kurz, griechischer Text von E. Chambry, deutsche Übersetzung von F. Schleiermacher, *Platon Werke in Acht Bänden*, Griechisch und Deutsch, Vierter Band, hrsg. von G. Eigler, Darmstadt 1971, Bd. 4 S. 307 (428 c-d).

8 Platon, ibid., S. 309 (429c).

9 Platon, ibid., S. 313 (430e).

10 Platon, ibid., S. 325 (433e-434a).

11 哲学史家E・ツェラーは、ギリシャ人の倫理について次のように述べている。「ギリシャ人にとって倫理と政治は互いに密接に結びついている」(Eduard Zeller, *Outlines of the History of Greek Philosophy*, 13. ed. rev. by Dr. W. Nestle and transl. by L.R.Palmer, London 1969, § 39, p. 140)。また「ポリスが存在する限り、共同体から独立したものとして個々の人間について考えることは、まったく不可能だった」(ibid.)。

12 Artikel „rectitudo" u. „rectus" in: *Ausführliches Lateinisch-Deutsches Handwörterbuch* (ALDH) ausgearbeitet von K.E. Georges, 2 Bde., 13. Aufl., Hannover 1972, Bd. 2, Sp. 2237 - 2239.

13 Artikel „bonitas" in: ALDH, Bd.1, Sp 847.

14 以下を参照。「その格率が普遍的法則となることを、きみがその格率を通じて同時に意欲できるような、そのような格率にのみ従って行為せよ」（GMS BA 52/AA 421）。

15 『基礎づけ』では次のように述べられていた。「ある法則が道徳的な法則として、すなわち、責務の根拠として妥当すべきであるならば、その法則は絶対的な必然性を付帯していなければならない。きみは嘘をついてはいけない、という命令は、ただ人間にだけ有効であって、他の理性的存在者はこれを考慮する必要がない、といったようなものではない。またそれ以外のすべての本来的な道徳法則も、同様である」（GMS BA VIII/AA 389）。ここでは「嘘をついてはいけない」という命令が「道徳法則 Sittengesetz」の一つに数えられており、これが絶対的必然性を付帯するとみなされていることが分かる。この必然性は、普遍妥当性を意味するだろう。すなわち、この命令は、行為主体の置かれた一切の経験的条件に関わらず、行為規則として妥当するということである。

16 アディッケスによれば一七六四－一七七六年頃のものである。

17 アディッケスによれば一七六九年頃のものである。

18 以下を参照。「目的の国のうちでは、すべてのものは価格をもつか、もしくは尊厳をもつ。価格をもつものは、何かある別のものを等価物として代替することができる。これに対してあらゆる価格を超えるもの、したがっていかなる等価物も許さないものは、尊厳をもつ」（GMS BA 77/AA 434）。

19 『覚え書き』の執筆時期については複数の説がある。アカデミー版カント全集の編者であるアディッケスは、本文が書き終えられた直後、一七六五年の中頃から終わりにかけて『覚え書き』が書かれたと考える。M・リッシュミュラーはアディッケス説を紹介したうえで、一七六六年刊行の『視霊者の夢』執筆より前の時期に書かれたとみなしている。以下を参照。Immanuel Kant, *Bemerkungen in den „Beobachtungen über das Gefühl des Schönen und Erhabenen"*. Neu herausgegeben und kommentiert von Marie Rischmüller (*Kant Forschungen*. Herausgegeben von Reinhard Brandt und Werner Stark Bd.3), Hamburg 1991, S. XVII.

20 Heinrich P. Delfosse, Norbert Hinske, hrsg., *Kant-Index*. Bd. 24: *Seitenindex und Konkordanz zu den „Bemerkungen zu den Beobachtungen über das Gefühl des Schönen und Erhabenen" mit einem Index und einer Konkordanz zu den „Beobachtungen" selbst als Anhang (Forschungen und Materialien der deutschen Aufklärung*, Abteilung III, Bd. 31, Stuttgart Bad-Cannstatt 2006, Einleitung S. XVI.

21 M・キューンの『カント伝』によれば、カントの両親は敬虔主義に深い影響を受けており、またカントが教育を受けたフリードリッヒ学院は「敬虔派の宿泊施設」と呼ばれていた。以下を参照。マンフレッド・キューン『カント伝』菅沢龍文、中澤武、山根雄一郎訳、春風社、二〇一七年「子供時代と青年時代の初期」(七一—一三六頁、特に九二頁、一一〇頁)。

22　以下を参照。Norbert Hinske, *Kants Weg zur Transzendentalphilosophie. Der dreißigjährige Kant*, Stuttgart u.a., 1970, S. 56.

第四章　意志の自己立法とその二つの位相

はじめに

カントの「定言的命法」によれば、自分のもつ個人的な行為規則である「格率」が普遍化可能であるとき、自分は道徳法則に従っていることになり、道徳的であることになる。「定言的命法」とは、次のような命令である。「その格率が普遍的法則となることを、きみがその格率を通じて同時に意欲することのできるような、そのような格率にのみ従って行為せよ」（GMS BA 52/AA 421）。格率が普遍化可能であるとは、すべての人がこの格率を自らのものとしても、社会が秩序を失うことにならず、誰もが人格のうちなる人間性を傷つけられたりすることのないことを意味するだろう。換言すれば普遍的な「格率」とは、法則として認められ、どの人もがこれに従うことで一つの道徳的秩序が形成されると考えられるような行為規則である。そして、これを「立法」することが意志の「自己立法」すなわち「自律」である。したがってカントの自律について考えるとき、先ずは個人の行為規則である格率について考察しなければならない。では、格率とは具体的にはどのようなものなのか。これについて答えることが本章の第一の課題である。そのうえで自律の内実について考察する。そこでの考察から、自律のもとに立法する「私」と、立法された法のもとにあってこれに服する「私」との乖離が生じていることが分かる。この二つの互いに相容れない「私」のあり方ないしは関係性について反省すること、そしてそこにみられる二つの位相を明らかにすること、これが第二の課題である。

第一節　格率

批判期最初の倫理学書である『人倫の形而上学の基礎づけ』（1785）でカントは、人間を理性的存在であり、また「立法する存在者」（GMS BA 83/AA 438）であると述べている。ここでの「立法」とは、自然法則と対置される行為の法則を立てることであり、後者にはいわゆる道徳法則だけでなく、個人がもつ行為規則が含まれるだろう。個人がもつ行為規則である「格率」ならびに、これと対になる「法則」は以下のように定義される。

格率とは、意欲の主観的な原理である。客観的な原理（つまり、理性が欲求能力を完全に制圧すると仮定するとき、すべての理性的存在者にとって主観的にも実践的原理として役立つような原理）は、実践的法則である（GMS BA 15 Anm./AA 400 Anm.）。

ここでの定義によれば、「実践的法則」とは、それぞれの「私」が欲求能力からまったく独立し、理性の指示にのみ従うと仮定するとき、どの「私」もが行為規則として理に適っていると認めるような原理である。欲求能力は基本的に感性的であり、私たちは常に自分が快適になることを求めており、また他者の利害に対して自分の利害を優先するだろう。そして、自分は特別の存在であり、最も大切な存在である、ということに基づいて「意欲の主観的な原理」である「格率」が形成されることになる。次に、『実践理性批判』（1788）での定義をみることにしたい。

実践的な諸原則とは、自らのもとに様々な実践的規則をもつ意志の普遍的規定を含むような命題である。この諸原則は、その条件がただ主観の意志にだけ妥当すると当の主観にみなされているならば、主観的であり、格率である。しかし、もしその条件が客観的なものとして、すなわち、どの理性的存在者の意志にとっても妥当するものと認められるならば、客観的であり、実践的諸法則である（KpV A 35/AA 19）。

ここでもまた「主観的」と「客観的」という基準で「行為規則」が分けられ、後者が「実践的法則」、そして前者が「格率」とみなされている。「どの理性的存在者の意志にとっても妥当する」とは、どの「私」もがその普遍化を意欲できること、またそれをすべての人が自らの行為規則とするとしても誰も自らのもつ尊厳を傷つけられたりすることがないことを意味するだろう。これに対して「格率」とは「私」の置かれた特殊な状況を前提に、「私」が自らの嗜好や関心や傾向性に基づいて形成する個人的な行為規則である。では、カントの考える行為の個人的な規則とは、具体的にはどのような規則であるのか。

マリア・シュヴァルツによれば、カントは実践理性に関わる「格率」について、九つの事例をあげている。本章ではそのうち『基礎づけ』『実践理性批判』『道徳形而上学』にみられる事例を取り上げる。なお以下に引く例文は、行為規則に相応しくなるようにシュヴァルツが少し手を入れたものである。[1]

（一）「長期にわたって生きることが、私に快適さを約束する以上に災禍によって私を苦しめるならば、これを短縮することを私は自愛から自分の原理とする」（Schwarz S. 77, vgl. GMS BA 53/AA 422）

（二）「お金に困ったときは、返せないと分かっていても、返す約束をしてお金を借りる」（Schwarz S. 77, vgl. GMS BA 54/AA 422）。

（二-二）「他に方法がなければ虚偽の約束をしてでも困窮状態から抜け出す」（Schwarz S. 77, vgl. GMS BA 19/AA 403）。
（三）「困窮状態の人をみても援助したくない」（Schwarz S. 77, vgl. MST A 124/AA 453）。
（四）「いかなる侮辱に対しても復讐せずにはおかない」（Schwarz S. 77, vgl. KpV A 36/AA 19）。

以下、それぞれの「格率」について簡潔にみることにする。

（一）の格率は自殺に関する考えを示すものである。自殺はここで「自己愛」に基づくと理解されている。カントによれば、すべての実質的な実践の原理――利害や実用性に基づく原理――は、「自己愛」に帰属する（vgl. KpV A 40/AA 22）。また、この説明から「自己愛」が先に言及した「意欲の客観的原理」、すなわち道徳法則とパラレルに考えられていること、これとちょうど対立することが分かる。なぜなら自己愛に基づく格率が普遍化することについては、これを意欲することのできない人のいることが十分推測できるからである。誰もが自ら固有の苦痛や課題をもちつつ生活しているとしても、これを理由に自殺を認めることについては、多くの人が躊躇するだろう。また、自殺者が増加し、人口が減少することについても、これを「意欲」しない人が多数いると思われる。カントによれば、自殺は「自己に対する完全義務」（GMS BA 53f./AA 421f.）に抵触する。彼によれば、この格率は自分を「目的」ではなく「手段」とみなすものである。「もし彼が苦しい状態から逃れるために自らを壊すならば、彼は一つの人格を、生涯の終わりまで耐えられる状態を維持するための単なる手段として扱っている」（GMS BA 67/AA 429）。それでは「自己愛」に基づく自殺が自分を「手段」として扱うことになるとは、どういうことなのか。「一つの人格」という表現で意味されているのは「彼」と「人格」との間の距離であり、関係性である。「彼」は自分のうちなる「一つの人格」を「手段」として扱うことができるし、「手段」としてではなく「目的」として扱うこともできるだろう。「手段」とはふつう道具として用いるもの、したがって交換可能なものである。では、自分のうちなる「人格」を交換可能なものとして扱うということで、何が意味されるのか。現世でのこの「人格」を来世で想定される別の「人格」と交換する、ということが想定されているのだろうか。確かに、例えばカントと同時代の神学者H・S・ライマールスは、現世での「私」が来世での「私」とどのようにして同一性を保つことができるのかという問いについて、真摯な考察を行っている。「未来の新たな状況で、どのようにして以前の記憶は、したがってまた同一の存在者としての持続性は、維持することができるのだろうか。別様に知覚し、別様にはたらくならば〔…〕過去のすべての記憶は消え失せてしまうだろう。したがって、私たちの人格性は変化し、私たちはいわば新たな存在者になる」[2]。ここでは現世での生を終えた後、来世での生を始めること、「人格性」が変化し「新たな存在者」として生きることが、真摯に考えられている。このような世界観のもとでは、「自殺」はこの世界から別の世界への移行を意味すると考えることもできる。またJ・G・H・フェーダーは『実践哲学教本』（1769）で次のように述べている。「幸福一般、すなわち徳への道程や幸福への道程などは、少なくとも自己の存在を現世での生にのみ限定しないひとにとっては、単に生きることより以上のことである」[3]。ここでは「徳への道程」ならびに「幸福への道程」は、「単に生きることより以上」の意味をもつとされている。「徳への道程」すなわち「徳」へと至る過程を進むこと、そして彼岸での「幸福」へと近づくことが、「単に生きること」に優る意味をもつと考えられている。このような考え方や世界観が当時多くの人々に共有されていたこと、そして真摯な思索の対象だったことが、これらの引用文からだけでも想像できるだろう。しかしこのような考え方こそが、私たちの認識能力の限界を定めることなしに「世界」や「思惟する私」について主題化する誤った形而上学としてカントにより批判されることになったテーマである。来世についてはただ考えることはできるとしても、これを認識することはできず、したがって、またそれが確かにあると認めることもできない。「心（魂）」ないし「考える私」の常住性をカントが否定することについては、第二章第三節を参照頂きたい。ここでカント自身の自殺理解に戻るならば、自殺は人格を手段として扱うことになる、ということで意味されているのは「苦痛なき私」を理想の状態ないし目的とすることであるだろう。つまり「快適」と「苦痛」を秤にかけ、前者が優れば生きることを選び、後者が優り、しかも天秤で例えるならば未来において平衡状態に戻ることがないと判断されるならば、死を選ぶということである。しかしこの「苦痛なき私」には、苦痛がないだけでなく、いわば「私」そのものがなくなったといえる。このような状態を目的とみなすことが自己愛によるのだとすると、この自己愛は少なくとも積極的な自己愛とはいえないように思われる。

また、「私は〔…〕を自分の原理とする」という記述からは、「私」が意識的にこの行為規則を「自分の原理」にすること、すなわち意識的な「自己立法」であることが分かる。「格率」は日々の経験のうちに無自覚的に形成されるばかりでなく、当事者が意識的に自己立法しうることが、この事例から分かる。意志の自己立法は確かに経験的な次元でも行われていると、カントもまた考えているわけである。

（二）ならびに（二―二）「お金に困ったときは、返せないと分かっていても、返す約束をしてお金を借りる」「他に方法がなければ虚偽の約束をしてでも困窮状態から抜け出す」は、互恵性原則に反する行為規則であり、自分だけを特別扱いするものである。つまり、この規則を他者がもつことはどの人にとっても望ましくない。互恵性は広義のモラルにとって最も基本的な原理である。定言的命法「目的の方式」を通じてカントの考える「道徳性」は、互恵性を前提としつつ、さらに高次の条件を個々の人に求めるものである。このような格率を例に選んだカントの意図は、これらが高い一般性をもつからだと思われる。生きようと意志する限り、「他に方法がなければ」何かをしなければならない。この格率は時代や文化を超えて高い一般性をもつ。

（三）の格率、「困窮状態の人をみても援助したくない」にみられるのは、カントの述べる「非社交的社交性 ungesellige Geselligkeit」[4]である。誰もが一方で他者との社交を楽しみたいという欲求をもつと同時に、他方では他者に気を遣うことなくいたいという欲求をもっている。できる限り他者と交わりたくないという欲求をもつ人も少なくない。

そういった人々のうちには、自分は人から助けられなくてもいいから、人と接したくないし、人を援助することなどしたくない、と考える人も確かに多数いるに違いない。こういった人々に対して互恵性は社会的な行為原理として有効性をもたない。しかし、そういった人たちでも自分が極度の貧困状態に陥ったならば、この格率をもち続けることは難しいだろう。格率を「生涯続く原理」[5]とみなす解釈があるが、少なくともこの格率については妥当しないように思われる。

（四）「いかなる侮辱に対しても復讐せずにはおかない」に示されているのは「報復原理」であり、負の相互性つまり人が自分に対して行う負の行為をそのまま人に対してやり返すことである。ドイツ語には同様の内容をもつ「きみが僕にするように、僕もきみにする」という諺がある。この格率もまた人間本性に根差すものであり、それがもつ負の側面を理解しつつ多くの人がもつ行為規則だといえる。いずれにしてもこの格率を他者がもつことを好ましく思う人は少数であり、ましてこの格率の普遍化することを望む人はさらに少ないに違いない。冷静に考えるときこのように判断しつつ、実際の行為選択に際してはこの格率を手放すことができないということのうちに、私たちのもつ問題の深層が認められる。

以上にみた格率のうち（一）（二）（三）は、R・ビットナーもまたカントの格率概念についての論稿で取り上げる典型的な事例である。[6] これらの格率に共通するのは、それがいずれも当事者のもつ自然な本性である自己愛に基づくこと、また自らの想い描く「幸福」の追求に対応することだといえる。自己愛は自らが生きる限り自分にとっての第一原理であり続ける。これを廃棄することは、自分に見切りをつけるといった例外的な場合を除いて、できないに違いない。したがって私たちに可能であるのは、自己愛を認めたうえで、誰もが自らを特別扱いしないことを意味する「意欲の客観的な原理」を、可能な限り自己愛に対して優先させること、である。では、以下にみる格率については、どのように解釈することができるだろうか。

（五）「私のすべての傾向性を廃棄してでもそのような〔実践的〕法則に従う、という格率」（Schwarz S. 77, vgl. GMS BA 15/AA 400f.）。
（六）「義務からではなく、それ以外の意図を配慮することから義務の法則に従う、という格率」（Schwarz S. 77, vgl. Rel A 41/AA 42）。

この二つの格率には、具体的な行為（例えば「自死」「虚言」「復讐」など）への示唆がみられず、また行為を行おうとする条件を成す特定の状況（例えば「苦しみ」「困窮」「侮辱」など）や、目的（例えば「苦痛からの解放」「困窮状態からの脱出」「復讐」など）も、描かれていない。具体的なことは描かれることなく、（五）では常に個人的である傾向性を捨てて「法則に従う」ことが、（六）では義務以外の何かに基づいて「法則に従う」ことが、格率として提示されている。これらの点でこの二つの格率は上記（一）から（四）までの格率とは性質が異なる。（五）と（六）の格率は、具体性から離れた位置にあり、より原理的な内容をもつといえる。シュヴァルツは格率一般を「第一位階の格率」ならびに「第二位階の格率」に二分する。前者は、「目的の表象のもとに意図され、具体的な行為方法を提示するような格率」[7]であり、後者は「特定の目的をもたないか、もしくは特定の行為方法をもたない格率」（ibid.）である。そして「第一位階の格率を形成するための原理ならびにその方法に関わるのが第二位階の格率」（ibid.）である。「第二位階の格率」はいわばより原理的でより上位の格率であり、これが前提としてあったうえで、より具体的な状況や行為に結びついた下位の格率が形成されるとシュヴァルツは考えている。そして、ここにあげた（一）から（四）は「第一位階」に、（五）と（六）は「第二位階」の格率に帰属することになる。（五）の格率についていえば「すべての傾向性」を「廃棄」して「法則に従う」ことを原理として前提するならば、互恵性の諸関係のうちにあって自分だけを例外扱いすることになる「虚言」を認める格率は否定されるだろう。したがって、（五）の格率は傾向性の廃棄を求めることで「下位」の格率に対して一定の枠組みを与えているといえる。また（六）では、自分のもつ「幸福」の表象を尊重するために――例えば、自分が困窮するときに他者から支援を受けることを想定して――「義務の法則に従う」、すなわち困窮する他者を支援する、というような格率が想定されうる。つまり「義務の意識」を尊重するがゆえに「義務」に従うのではなく、自己愛や利害関心を配慮することから「義務」に、また「法則」に従うというのがこの格率の内容である。例えば、災害に遭って困窮する人々を支援するとき、それが「義務」の意識からではなく、自らの利害を考えてのことであるとき、その行為は外見上「義務の法則」に従う行為と重なるだろう。しかし、それは決してカントの考える「道徳的」行為ではない。行為の動機が義務の意識であるときにのみ、その行為は道徳的であるとみなされることになる。いずれにしても、より原理的である上位の格率と、直接行為や目的に結びついた規則としての格率とを区別することにより、カントの提示する格率概念の内容をより判明に理解することができるだろう。このような意味で、諸々の格率のうちにヒエラルキーを認めるシュヴァルツの解釈は、カント倫理学の理解に貢献するものである。確かに上位の格率が下位の格率をある種の仕方で、例えば許容範囲の枠組みを与えることで制約していると考えられる。しかし、どのように第二位階の格率が具体的に第一位階の格率を形成しているのか、ということについて説明することは容易ではない。シュヴァルツ自身もこの点については具体的な説明を行っていない。

先にみたように格率が「意欲の主観的な原理」であるのに対し、「道徳法則」は「意欲の客観的原理」である。そしてこの「客観的原理」を立法することが狭義の「自己立法」であり、「自律」である。次に、「自己立法」について、なかんずくその二つの位相について、みることにする。

第二節　意志の自己立法

カント倫理学の主要概念の一つに数えられる「自律」は、『基礎づけ』で次のように定義されている。

意志の自律とは、それによって意志が意志自身に対して（意欲の対象のあらゆる性質から独立に）法則である、という意志の性質である（GMS BA 87/AA 440）。

「意欲の対象のあらゆる性質」から意志が「独立」することは、ただ感性的対象一般からの独立ということだけでなく、欲求や利害関心が意志を規定すること一般からの独立をも意味するだろう。このように自律を「意志」の「性質」であるとみなすことからは、自律ならびにそれのもたらす法則が、潜在的に既に意志のうちにある種の仕方で存在していたことを想定させる。「性質 Beschaffenheit」というタームには、自律が何らかの個別的で具体的な活動を意味するのではなく、それに先立つ次元で既に意志のもつ特性としてあったことが示唆されている。そして、ここに以下のような問いが生じる。意志の性質としての自己立法は、また立法された法則は、常に既に意志のうちにあったとみなされるのか、それとも立法する活動として、意志がいつかどこかで行い、その結果として法則が生じるのか、という問いである。

一．ア・プリオリな自己立法

意志の自己立法については、以下のように考えることができる。すなわち、自律は意志の「性質」であり、時間性からは独立に、常に既に意志のうちに成立している、と。なぜなら、この自己立法という活動は、時間性に制約されることのない行為の端的な第一原因性（超越論的自由）を前提とし、意志自身が「創作者 Urheber」（GMS BA 71/AA 431）であるとみなされているからである。したがって自己立法はそれ自身、（実定法のように）経験的にある時点で立法が行われる、といった性格の活動ではない。先にみたように行為や目的に直接結びついた多くの格率は、相互性ないし互恵性を前提とする社会的関係性のうちにあって、自分だけを例外として扱い、自らの利益を優先することにより、個人的な傾向性に即して経験的に生み出されるものである。換言すれば格率を形成するのは、自分でも変えることの難しい固有の性格をもち、自分の傾向性を既にもち、自分だけのもつ身体等から成る特殊な「私」の利益を、誰もが最優先しようとする心の態度であり、それはあくまでも経験のうちに構成されるものである。

これに対して「意欲の客観的原理」は「私」の特殊性に基づいて構成されるのではなく、また「私」の傾向性や固有の経験に基づくのでもなく、いわば個体としての「私」から距離をとったところにその起源をもつ。それは自分の利害を追求する私的な理性とは異なり、他者のうちに自己と同等の価値を認めこれを尊重するような理性に基づくといえる。別の言い方をすれば、意欲の主観的な原理である格率は、物理的、自然的な制約のもとにある人間の理性が生みだすものであるのに対して、意欲の客観的原理は各個人のもつ個体性を離れたところで、自己をも含めて誰をも優先せず同等なものとして扱う観点から理性が生みだすものである。カントが用いる伝統的な用語で言い換えれば、物理的、自然的な制約のもとにある人間主体は「ホモ・フェノメノン」（MSR AB 48/AA 239）であり、こういった制約から独立する主体は「ホモ・ヌーメノン」（ibid.）[8]である。この区別を前提に「意欲の客観的原理」が「人倫性の普遍的原理」と言い換えられたうえで、次のように説明されている。

理性的な存在者、すなわち叡知界に帰属する存在者としての人間は、自らの意志の原因性を自由の理念のもとにあるとしか考えることができない。というのも、感性界の規定的諸原因からの独立性（理性は常に自己をそこに置かねばならないのだが）は自由であるのだから。ところでこの自由の理念と自律の概念は不可分に結びついているが、自律の概念はまた人倫性の普遍的原理と不可分に結びついている。そしてこの原理は、理念のうちで理性的存在者のあらゆる行為の根底に置かれている。それはちょうどあらゆる現象の根底に自然法則が置かれているのと同様である（GMS BA 109/AA 452f.）。

前半部では、人間は感性界にのみ帰属するのではなく同時に叡知界にも帰属するのであるから、自らのうちに感性界・経験世界からの独立を意味する自由をもつと考えねばならない、なぜなら人間の意志は叡知界すなわち道徳的世界の一員としてはたらくはずであるから、ということが述べられている。意志ないし実践理性は、感性界にだけ自らを見い出すのではなく、叡知界すなわち自然法則とは異なる法則によって構成されると考えられる世界にも帰属するので、感性界の一切の制約から独立する自由をもつはずである、とここでは考えられている。人間の叡知界への帰属はここで既に前提されている。そのうえで、「自由の理念」と「自律の概念」が不可分に結びついており、また後者と「人倫性の普遍的原理」が同じく不可分に結びついているといわれる。これは何を意味するのか。「自由の理念」すなわち感性界のあらゆる決定因からの独立を前提に、意志は何ものにも制約されることなく自ら法則を立てること（自律）ができる。そのうえで意志は、主観的、個人的なすべての規則から距離をとって自らの行為法則（人倫性の普遍的原理）を立てることになる。自由の理念が前提されなければ意志は感性界から独立に自己立法することができない。これが自由の理念と自律の結びつきが不可分であることの意味である。また、意志は感性界のあらゆる制約から独立して自己立法するとき、自ずともう一つの世界である叡知界の行為法則を立てることになる。これが「自律」と「人倫性の普遍的原理」の不可分の結びつきを意味する。この点については「自由な意志と、道徳法則のもとにある意志とは同じである」（GMS BA 98/AA 447）、「意志の自由と意志の自己立法とは、どちらも自律である、つまり交換概念である」（GMS BA 104f./AA

450）と述べられ、意志の自由、意志の自己立法、道徳法則の緊密な関わりが示されている。

また、最後の箇所で示されたアナロジーを文字通りにとれば、自然法則がすべての現象の根底にあり、これを制約しているのと同様、「人倫性の普遍的原理」は、人間のすべての行為の根底にあってこれを制約していることになる。自然の法則が事実すべての現象の根底にあってこれを制約し決定しているのに対し、人倫性の普遍的原理――これは先にみたように意欲の客観的原理であり、道徳法則である――は行為や行為の選択を、当事者が自らの行為の格率を反省する次元で制約するものであって、決して私たちの意志の選択を決定するものではない。そのことは、私たちが自らの選択や行為を振り返るとき、道徳的な制約を意識する場合にも、これに従うことよりもこれに従わないことが稀でなく、多くの場合自らの利益を優先する選択や行為を行っていることから考えて自明である。多くの場合、意欲の客観的原理は私たちのもつ自愛の念を制御することができず、私たちは自らの利害を優先する格率に従うことになるといえそうである。しかし、そういったことをすべて認めるとしても、私たちはいつも自己愛だけに基づいて行為選択を行っているわけではなく、周りの人々に対して配慮することもまったくないわけではない。特に、他者を傷つけることになったり、多くの人に影響を与えることになるような行為選択の場面では、自分の行為規則を反省し、それが間違った選択でないかどうか、一般化可能かどうか、自己愛にのみ基づくのでないかどうか、といったことを考えることになるだろう。この時、私たちの反省に影響を与えているのが、利己的な行為規則の対極にある「意欲の客観的原理」であり「道徳法則」である。

以上の考察によれば「自己立法」については、実定法のようにそれがいつかどこかで行われるといったことはありえず、「法則」は常に私たちの行為選択を制約しているとみなさねばならないだろう。私たちは自らの行為を反省するとき、この法則が自らの行為選択に際して、たとえこれに従わないにせよ、私たちを制約していることを自覚する。それは、その選択が自己の利害をのみ考えてなされるのか、それとも他者をも配慮するものであるのかといったことを意識することで自覚することになるといえる。道徳法則の自己立法を、ア・プリオリになされるものとみなす解釈は、誰もが道徳法則を知っているというカントの次の記述にも対応する。「自由は〔…〕また思弁的理性のすべての理念のうちで唯一私たちがその可能性をア・プリオリに知っている理念である。なぜなら自由は、私たちが知っている道徳法則の条件だからである」（KpV A 5/AA 4）。道徳法則を常に既に私たちの意識のうちにあるものとみなす限り、これを生み出す「自己立法」という活動もまたア・プリオリであるとみなさねばならない。

しかし、それでは、誰もが「道徳法則」を知っており、これに制約されつつ、なぜ実際にはこれに反するような行為が頻繁に行われるのだろうか。殺人や嘘の約束に類することは、メディアを通してみる世界では日常的に行われており、そういった行為は「道徳法則」をまったく自覚することなしに行われているようにもみえる。この問いは、「自己立法」は常に既に行われているのではなく、いつか特定の時点でそれぞれの主体が行うある種の課題であり、活動ではないのか、という問いに重なる。

二　ア・ポステリオリな自己立法

意志の「自己立法」については、いつかある特定の時点で行為主体の発展の過程で行われると考えることもできるだろう。「自己立法」をすべての行為主体に与えられた課題だとみなす解釈である。誰もが常に「意欲の客観的原理」を意識しているわけではなく、それが何であるのかを理解しているわけでもない。私たちはこれが何であるのかを予感しており、それが「意欲の主観的な原理」、自己の利益を優先させる原理とは異なることを感じてはいるが、それはただ潜在的に知っているということにすぎず、何らかの具体的な機会がなければこれを実際に意識することはできないと考えるわけである。確かに、私たちは常に道徳的反省を行っているわけではないし、また道徳的判断に迫られているわけでもない。「道徳法則」を意識するのは、ある特定の場面に限られており、そのような場面でのみ道徳性への意識がはたらくといえる。そしてこのような反省の脈絡ではじめて「法則」としての「道徳」が自覚されるのであって、このような経験なしに「道徳法則」は意識されることがなく、リアルなものとして現在するとはいえないだろう。このように考えるとき、確かに与えられているのは、立法する能力だけだといえる。では「自己立法」と立法された法則に従うことの間にみられる齟齬については、どう考えればいいのか。「道徳法則」がある別の存在者の立法したものであり、人間は「自己立法」という名称のもとで、与えられた「原型」に従ってこれを再生産しているにすぎないと考えるのであれば、この法則に反する行為を行うことは、確かに違反であり矛盾ではあるが、自己との矛盾であるというよりも原型を創った他者との矛盾ということになる。しかしこの法則を、何ものにも依存することなしに人間の意志が自ら創作した法則であるとみなすならば、人間は自己自身が与えた法則のもとにありつつ、しかもこれに従うことができない、ということになる。この点について、カントは次のように述べることでこの矛盾を主体のうちに認めている。

したがって意志はただ単に法則に服従しているのではなく、自己立法的なものとして、またそのゆえにはじめて法則（この法則については意志自身を創作者とみなしうる）に服従するものと、みなされねばならない（GMS BA 70f./AA 431）。

ここでカントは「創作者」「創始者」「原作者」などを意味する „Urheber" という語を用いることで、私の「意志」が創作者として立法するのだということを明確に示し、強調する。何ものにも依存することのない行為主体という意味での「私」の「自律」がここに提示されている。そして自己立法に伴う立法する主体と法則のもとにある主体の循環的な関係については、以下の文からもうかがえる。

人間性の尊厳は、まさに普遍的に立法的であるという能力のうちに存している、なるほどその立法のもとに自らが同時に服従しているという条件のもとにではあるのだが（GMS BA 87/AA 440）。

ここにみる限り、「自律」のうちに二つの位相の認められていることは間違いない。法則の自己立法者であり「創作者」である意志は、時間性の制約を受けない自由な主体であり、この意志の活動が「自律」である。これに対して経験的な意志は法則を既存のものとして受け取る位置にいる。この経験的な意志にとっては、法則は自分に対するア・プリオリな制約であり、これを自覚することが法則の顕現することを意味する。このア・プリオリな法則のもとにありつつ、自らの利害を優先する意欲の主観的原理に従うのか、それともこれに反する意欲の客観的原理に従うのかが、それぞれの行為主体にとって課題となる。この意味で「自律」は私たちに与えられた「課題」である。

第三節　自己立法のもつ二つの位相

以上の考察から意志の自己立法という活動のうちに、少なくとも二つの次元のあることが分かる。[9] 一方で、自己立法は、経験一般とは異なる次元で意志の活動として遂行され、その帰結である「意欲の客観的原理」は、意識のうちに常に現前する道徳についての法則であり、道徳性のア・プリオリな基準である。感性界を唯一の世界であるとみなすならば、空間的時間的に、また自然法則によって、常に制約された意志だけがありうることになる。そしてあらゆる行為の原因性もまた、時間的に先行する状態のうちにその決定根拠をもつとみなされねばならない。その結果、私たちのもつ原因性は、すべて継起する事象連鎖のうちなる相対的な原因性にすぎず、「端的な第一原因」はどこにも見出すことができない。しかしそうであるならば、行為に帰される責任は不定となる。したがって「第一原因性」をそれぞれの行為主体のうちに想定するのでなければ、行為に帰せられる責任は、最終的には当該行為主体ではなく、時間的に先行する状態のうちに、また空間的に主体を制約する事象のうちに帰せられることになるだろう。責任の所在を行為主体のうちに置くためには、空間的時間的な一切の制約から独立する能力をこの主体に認めなければならない。この、感性界に対する無制約的な主体こそが責任の主体、道徳性の主体を成立させる基体である。人間ならびに世界について二元的に洞察することが不可避である最大の理由は、ここにある。遅くとも『基礎づけ』以降、「叡知界」はその構成員が「意欲の客観的原理」である「道徳法則」に従うところに成立するとみなされている。この世界は現象する自然世界のあらゆる決定根拠から独立する主体が、自然法則とは異なるもう一つの「法則」を自らの意志ないし実践理性によって立法し、これに服するところに成立するとされる。同じ行為主体はしかし、同時に感性界の構成員でもある。とすれば同一の行為主体のうちに、互いに異なる二つの法則の成立する二つの次元を認めねばならない。この主体からみるならば、世界は「感性的世界」であると同時に、この感性的世界を構成する自然法則だけでは説明し尽くすことのできない世界でもある。この、説明し尽くすことのできない領域を理解するための手掛かりとなるのが「意欲の客観的原理」であり、「道徳法則」である。では、いったん二つに分けられた主体、カントの用いる伝統的な用語に即するならば「ホモ・フェノメノン」と「ホモ・ヌーメノン」、またそれぞれが帰属する感性界と叡知界はどのように結びついているのか。感性界と叡知界は、人間が感性と悟性という二つのア・プリオリな認識の道具立てをもつことに関わるだろう。その限り、一人の行為主体のうちにその接点をもつはずである。では、その接点とはどのようなものか。この接点を構成する要素の一つは、これまでみてきたことから分かるように、「定言的命法」という形式の命令である。この命令は、ホモ・ヌーメノンから発せられ、これをホモ・フェノメノンが受容することになる。法則は、必ず守らなければならない規則であり、たとえこれを守ることができないとしても、主体にはこれを遵守することが求められることになる。したがって、道徳法則を示すこの定言的命法が、両者を結びつける紐帯の役割を担っているといえる。そしてもう一つの紐帯は、カントが「道徳法則への尊敬」（KpV A 139/AA 78）と名付ける一種の理性的な特別の感情である。ここには行為主体のうちなる自己関係性の構図が認められる。道徳法則への「尊敬」は主体自らによる自己省察に基づき、この法則に服従していることを意識する主体がこの法則に対して抱く感情であり、これがホモ・フェノメノンとしての自己とホモ・ヌーメノンとしての自己の直接的な結びつきを示すものである。ホモ・ヌーメノンからホモ・フェノメノンへのはたらきかけについては次のように述べられている。「行為のあらゆる道徳的価値で本質的であるのは、道徳法則が意志を直接的に規定する、ということである」（KpV A 126/AA 71）。法則への尊敬はまた「義務」の意識に結びつく。カントによれば「義務とは、法則に対する尊敬に基づく行為の必然性である」（GMS BA 14/AA 400）。道徳法則に対する尊敬の念が、実践の主体に対してある行為を強制するとき、その強制は義務として自覚されるわけだ。「法則への尊敬」と「義務」の意識は、道徳法則に対する二つの感受の仕方である。このような仕方で立法する自己の法則に服従する自己に対する関係性が顕わになる。尊敬の念と義務の意識は、このような二つの自己の関係性を示す二通りの意識である。ディーター・シュトゥルマは、この「尊敬」の念について次のように述べている。「道徳法則への尊敬という概念は、自律概念の構成的な核であり、この概念が道徳法則の客観性を尊敬という主観性に、内在的に結びつけている」[10]。シュトゥルマによれば、道徳法則への尊敬の念を通じて、またその起源を問うことから、私たちは私たち自身のうちにもはや感性的ではなく、自己愛にのみ基づくのではないような行為法則が生起することを意識することになる。尊敬の念という個人的、主観的な意識が、個人ならびに有限性を超えるような対象を示しており、この意識がはたらくことで個人を超える客観性をもった法則が主観のうちに現れるとみなすわけである。そもそも尊敬の念は、平均的な基準を満たすだけのものにではなく、人間の有限性を超えるもの、超えるかのようにみえるものに対して生まれる感情であるだろう。尊敬の感情が、月並みな自分を超えるもの、道徳法則を自ら立法する主体を、他ならぬ自己自身のうちに指示することになる。

おわりに

「自律」は、個々の経験に先立つところでホモ・ヌーメノンである主体が自らの意志ないし実践理性によって、道徳法則を立てることである。ホモ・フェノメノンである主体は自らが行為選択を行う場面で、自分が従う行為規則が自己愛にのみ基づくものであるのか、それとも他者を尊重するものでもあるかと自問することで、意欲の主観的な原理だけでなく意欲の客観的原理のあること、そして後者は尊敬の念を起こさせるものであることを理解することになる。カントによれば、立法する主体と法則のもとに服従する主体は、直接的な関係性のうちにつながっている。道徳法則はこの関係性のうちで、一方で命令として受けとられ、ホモ・フェノメノンとしての主体はこれを義務として意識する。他方で同じ主体は、この法則に対して尊敬の念をもつことになる。

後注

1 Maria Schwarz, *Der Begriff der Maxime bei Kant. Eine Untersuchung des Maximenbegriffs in Kants praktischer Philosophie*, Berlin 2006, S. 77.

2 Hermann Samuel Reimarus, *Abhandlungen von den vornehmsten Wahrheiten der natürlichen Religion*, sechste Auflage, ... begleitet von J. A.H.Reimarus, Hamburg ^{6}1791 (^{1}1754), X. Abh. § 7, S. 648 Anm. 2.

3 Johann Georg Heinrich Feder, *Lehrbuch der praktischen Philosophie*, Göttingen ^{4}1776 (^{1}1769), S. 351.

4 これはカントが『ベルリン月報』（1784）に載せた小論「世界市民的見地からみた普遍史の理念」にみられるタームである。社会のうちに生きる限り、人間のもつ社交性は根本的に両義性をもつというのが、カントの観点である。以下を参照。Kant, *Idee zu einer allgemeinen Geschichte in weltbürgerlicher Absicht*, A 392/AA 20.

5 以下を参照。Rüdiger Bittner, „Maximen“ in: *Akten des 4. Internationalen Kant-Kongresses*, Mainz 6.-10. April 1974, Bd. II/2, hrsg. von Gerhardt Funke, Berlin-New York 1974, S. 485-498.

6 Vgl. Bittner, ibid.

7 Schwarz, *Der Begriff der Maxime bei Kant*, ibid., S. 131.

8 カントによれば「ホモ・フェノメノンは〔…〕自然のシステムのうちなる人間」であり、「ホモ・ヌーメノン」は「道徳的——実践的な理性の主体」である。以下を参照。MST A 93/AA 434f.

9 なお、ここでの立法する意志を狭義の意志、法則のもとに服する主体を選択意志とみなすことができるだろう。前者はあらゆる経験的な制約からの独立を意味する自由（すなわち超越論的自由）を前提とする意志、『基礎づけ』で「実践理性」と換言される意志（GMS BA 36/AA 412）であり、「本来の意志」（GMS BA 101/AA 448）といわれる意志である。これに対して法則のもとに服するのは、格率の主体であり、多くの場合、実用的な動因に従う欲求能力としての選択意志である。『人倫の形而上学』では、「意志から法則が生じ、選択意志から格率が生じる」（MSR AB 26/AA 226）と纏められている。

10 Dieter Sturma, Kants Ethik der Autonomie, in: Karl Ameriks u. Dieter Sturma, hrsg., *Kants Ethik*, Paderborn 2004, S. 172.

第五章　批判期カントの自由概念 ——理論理性と実践理性の観点から

はじめに

カント独自の観念論の端緒が提示された『純粋理性批判』では、一切の先行的原因から独立し、端的な第一原因であるような活動を意味する「自由」が認識可能なものとして認められることはなかった。そこでは、「私」の行為選択を含むすべてのことは先行するところにその原因をもち、それ自身結果でありつつまた何らかの後続事象にとっての原因であり、そのような仕方で事象が連鎖することで経験世界が生成すると考えられていた。端的な第一原因としての「自由」を考えることが、これを考える理性自身を自己矛盾に陥らせることになり、この問題を考察することが理性自身の能力の限界を露呈することを示すのが「純粋理性の二律背反」である。その終わりに近いところで、カントは次のように述べていた。

十分に注意すべきであるのは、私たちは、ここで私たちの感性界の諸現象の原因を含む諸能力の一つとしての自由の現実性を明らかにしようとしたのではない、ということである。なぜならそれは、それが決して諸概念とのみ関わるべき超越論的考察ではないということは別としても、それが成功することはまたありえないだろうからである。というのも、経験的諸法則に従うならばまったく考えてはならないものを、経験から推論することは決してできないからである。さらに、私たちはまた、一度たりとも自由の可能性をすら証明しようとはしなかった。なぜなら、単なるア・プリオリな諸概念からは、いかなる実在的根拠も、いかなる原因性も、その可能性を認識することはできないので、これもまた成功しなかっただろうからである（**KrV B 585f./A 557f.**）。

ここには、なぜカントが「自由の現実性」を明らかにしようとしたのではないのか、さらにはまたなぜ「自由の可能性」をすら「証明」しようとはしなかったのかということが説明されている。その主旨は、経験的な諸々の法則、すなわち自然法則に従うとき、まったく考えてはならないもの、つまり何ものの結果でもない端的な第一原因であるようなものを、経験に基づいて理性によって推論することはできないから、ということである。つまり、経験そのものを構成する自然法則に矛盾するものを経験から導き出すことは決してできない、ということが引用文の主張である。そしてこれが「自由の現実性」を明示する試みを行わなかったことの理由である。では、単なるア・プリオリな諸概念から、「実在根拠」や「原因性」の「可能性」を認識することはできないので、「自由の可能性」の「証明」の試みも成功しなかったはずだ、とは、どういうことか。ア・プリオリな純粋悟性概念である「原因性」は、感性的対象への適用ということなしに、その対象の「可能性」を証明することは決してできない、ということがここでの主旨である。「単なるア・プリオリな諸概念」すなわち純粋悟性概念は、経験に起源をもつ概念ではなく、経験に先立ち経験そのものの可能性の制約となる特殊な概念ではあるけれども、それらは私たちの直観の対象へと適用されることではじめて、それ自身の役割を果たすことになる。したがって、純粋悟性概念の一つである「原因性」という概念から、感性的直観を介することなしに、その対象である「第一原因」を、その可能性を証明することはできないということである。

以上は、悟性ないし理論理性の観点から世界を考察する立場に定位して、無制約的な原因性としての「自由」について考察することからの帰結である。しかし、「私」の選択が事実「私」の選択であり、そのことに対する責任が「私」に課される限り、その選択の根拠は他ならぬ「私」のうちにあると考えねばならない。そうでなければ選択や行為に対してその主体のもつべき責任はその理由が曖昧となり、選択や行為に対する罰と報償の理由もまた曖昧となり、最終的には消滅することになる。選択や行為に対する責任を問い、その善悪について反省することが求められる脈絡では、自由が不可欠の前提である。自由を否定するならば、選択や行為への反省はその本来の意味を失い、責任や罪といったことはすべて総体化される。主体のうちに選択や行為の起源を認めること、第一原因性を承認することが、実践への反省の観点からは不可欠の条件として求められる。

以上の考察から、事象生起の総体であり、経験的に実在する世界に定位しつつ自由概念について考える視点と、責任や罪といった事柄に定位して同概念について考える視点のあることが、改めて確認できる。これは、それぞれ世界について考察する理論理性の観点と、行為の責任について考察する実践理性の観点と言い換えることができるだろう。以下では、『純粋理性批判』第一版（1781）執筆後、『実践理性批判』（1788）に至るカントが自由概念についてどのようにその可能性や実在性について論じているのかをみることにしたい。

第一節　『プロレゴメナ』での自由概念

第一『批判』の二年後に出版された『学として現われうるあらゆる未来の形而上学のための序論（プロレゴメナ）』（1783）は、『批判』の内容を要約するものであり、カントが構想する真正な形而上学を準備するという課題をもっている。後半部に位置する「宇宙論的理念」（§§ 50-54）で、自由概念が主題化されている。キーワードとなるのは「原因」「因果性」であり、主に理論理性の観点から考察が行われる。

〔…〕自由が諸現象の特定の原因の性質であるはずだとすると、自由は、出来事としての現象に関して、これを自ら（自発的に）始める能力、つまり原因の因果性それ自身が始まることを必要とせず、したがって、その起始を規定するいかなる別の根拠をも必要とすることがない、というような能力であらねばならない。しかしそうであるならば、このような原因は、その因果性によれば、自らの状態が時間規定のもとにはない、つまり、決して現象ではないはずである。すなわちこの原因は物自体そのものであり、諸々の結果だけがしかし諸現象とみなされねばならないだろう（Prol A 152/AA 344）。

ここで自由は、時間規定のうちに自らを見出すことがなく、自らに先行する原因をもたないような自立的な能力として、また特殊な原因として説明されている。「自ら（自発的に）始める」とは、自己のうちに原因をもつ自発性として、自己原因的に、ということである。また「原因の因果性」が始まることを必要としないとは、時間上のどこかに「結果」と対になっている「原因」があって、「因果性」がそこから始まるということではなく、時間的な制約を受けないところに「原因」があったということ、換言すればこの原因は現象ではなく現象するもののもとにあって、それ自身は現象することのないものだということを意味する。「原因の因果性」ということで意味されているのは、「原因 Ursache」と「結果 Wirkung」から成る「因果性（原因性）Kausalität」であり、この因果性が時間上のどこかで「原因」とともに始まるのではないということが、引用箇所の主旨である。したがって、私たちは現象する「結果」から遡源的にその「原因」を、それ自身現象することのないものとして想定することになる。そして「別の根拠を必要とすることがない」とは、それ自身のうちに充足根拠があるということである。

この原因はまた、それ自身現象することのない、すなわち時間性のうちにはない「物自体」であり、そのはたらきだけが結果として時間性のうちに現象するような原因である。ここに描かれているのは、『純粋理性批判』の「弁証論」で述べられた「諸原因の絶対的自発性」（KrV B 474/A 446）としての自由概念に他ならない。ここでの「物自体」は、一切の経験から独立するものとして、「経験的」ではないものとして、私たちの個々の選択や行為の始源に想定される「性格」のうちに、「叡知的」と形容される「性格」のうちにカントが認めるものである。「叡知的性格」（KrV B 567/A 539）はカントが「物自体」を積極的に語る脈絡で用いる概念であり、それが経験に対して無制約的である限り、純粋な理性のはたらきがそこに位置づけられる「性格」である。それは「私」自身の性格であるはずだが、しかし「私」はこれを周到に把握することができず、「経験的」に理解することができる自らの「性格」をもとに、これについて考えることができるにとどまる。したがって「私」は、私自身の性格を充足的には把握することができず、自らが本来どのような性格の人間であるのかを、いくら尽力しても最終的には理解することができない、ということである。そして、経験的な一切の制約からの独立を意味する自由は、その結果を現象のうちにもたらすある特殊な原因として、「物自体の性格」（KrV B 567/A 539）と名付けられる「叡知的性格」のうちに、認識することのできない活動性として想定されることになる。

第二節　『基礎づけ』での自由概念

『人倫の形而上学の基礎づけ』（1785）は批判期に書かれた最初の倫理学書であり、「善意志」「自律」「定言的命法」といった概念によってカント実践哲学の基本構造がはじめて体系的に提示された作品である。この書の特徴の一つは、第一章の冒頭に、比較を超えた無条件によきものとして「善意志」が置かれ、この概念が全体の基層に位置することにあるといえるだろう。善意志は、理性が自ら定立する道徳法則を定式化する「定言的命法」に自ずと従う意志である。心の原初状態のうちに私たちはこのような意志を胚胎しているとみなすのが、ここでのカントの基本的な観点である。「善意志」は『基礎づけ』ではじめて特別な意味を担うタームとして用いられた用語であり、恐らく、無条件に善なるものを巡る長い思索のうちに一つの帰結として生み出された概念である。いずれにしてもカントは前批判期から継続的に、経験のうちに道徳の原理を求めるという方途を採るのではなく、あくまでも経験から独立し、経験によって介入されることのない原理を探究していたと考えられる。その基本的立場は、次の箇所に明確に示されている。

ある法則が道徳的な法則として、すなわち責務の根拠として妥当すべきであるならば、その法則は絶対的な必然性を付帯していなければならない。きみは嘘をついてはいけない、という命令は、ただ人間にだけ有効であって、他の理性的存在者はこれを考慮する必要がないといったようなものではない。また、それ以外のすべての本来的な道徳法則も同様である（GMS BA VIII/AA 389)。

ここでは「きみは嘘をついてはいけない」という命令が本来的な「道徳法則 Sittengesetz」の事例とされている。カントによればこの法則は、理性と対を成す自然（人間の本性）のうちにではなく、また人間が自らを見出す世界の諸状況のうちにでもなく、「純粋理性の諸概念」（ibid.）のうちにのみ求められるべきものである。この諸概念は、誰もが理性的存在者である限り自らのうちにもつものであり、それぞれの自己のあり方を制約するものである。換言すれば、個々の具体的な経験を始めるに先立ち、私たちは常に自然法則と同様にこの法則によって制約されており、この制約から独立することは決してできないとみなすのが、ここでの基本的な考え方である。この考え方に従うならば、「きみは嘘をついてはいけない」という命令は、例えば嘘をつくことで自らの置かれた困窮状態から脱することができる状況にあって「きみ」が実際に嘘をついた場合にも、最終的な行為へと至る過程のうちで「きみ」の判断や選択を制約していたのである。そして、「きみ」はこの道徳的命令を意識しつつ、それでもこれを否定することで、結果として嘘をつくことになったわけだ。嘘をついたことに対して起こる後悔の念は、この道徳的命令を自覚し、これに従うこともできたはずであるにもかかわらず、これに逆らって嘘をつくという行為へと及んだことのうちに、その理由があるといえるだろう。自らの判断で避けえたことを実際には避けることができなかった、ないしは進んで避けることを拒否したということのうちに、後悔することの理由があるわけだ。また「殺してはいけない」や「盗んではいけない」についても、私たちの選択や行為への反省意識のうちに同様の「命令」を行っていると考えられる。ここにみられるのは、いずれも普遍化可能な道徳的命令に他ならない。そして、この命令を与えるのが「意志」である。意志は、それが一切の経験的制約から独立に自ら行為法則を定立するのだとすると、それ自身が経験の制約を受けないこと、すなわち無制約的自己活動性（としての自由）を前提しているといえる。この意志は、先行する著書で提示された「絶対的自発性」としての自由を前提とすることではじめて成立するような意志である。この点について『基礎づけ』では繰り返し強調されている。第三章では、その最初の小見出しで「自由の概念は意志の自律を説明するための鍵である」（GMS BA 97/AA 446）と述べられた後、次のような説明がみられる。

自由は、すべての理性的存在者の意志の特性として前提されねばならない（GMS BA 99/AA 447）。

これは同章の二つ目の小見出しである。その後また、次のようにも述べられている。

自由の理念のもとでしか行為することのできないすべての存在者は、まさにそれゆえに実践的な観点からは実際に自由である。すなわち〔…〕自由と不可分に結びついているすべての法則がこの存在者に妥当するのは、あたかも彼の意志がまたそれ自身で、そして理論哲学においても妥当し〔…〕自由であると説明されているかのようである（GMS BA 100/AA 448）。

同様の主旨は以下のようにも換言されている。

理性的存在者の意志は、ただ自由の理念のもとでのみ、本来の意志でありうる。そしてそれゆえ実践的観点からは、すべての理性的存在者にこの理念が置かれねばならない（GMS BA 101/AA 448）。

ここに繰り返し示されているのは、自由は理論的観点からこれを証明することはできないが、しかし実践的観点からは不可欠の前提とみなさねばならない、ということである。ある存在者が理性的存在者であるならば、この存在者の意志は自由であるはずであり、実践的観点からはこの存在者に自由の理念が置かれねばならない。その理由は、この存在者が行為の責任をもつからである。また、実践的観点から自由をもつと考えられねばならないこの存在者は、理論哲学においても、あたかも自由であると説明されているかのようである、ということがここに述べられている。先に触れたように第三章最初の小見出しには「自由の概念は意志の自律を説明するための鍵である」（GMS BA 97/AA 446）と述べられている。けれどもこの「鍵」となる概念について、その確たる実在性について積極的に論じられることはなかった。「あらゆる実践哲学の究極の限界について」（GMS BA 113/AA 455）語る脈絡で、カントは意志の自由と自然法則をペア概念として考察し、私たちが自らの意志を自然の必然性によって決定されているものではなく、自由であるとみなしていることに改めて触れている。

すべての人は自分の意志について自由だと考えている。そこから、諸行為について、その行為は行われなかったけれども行われるべきであった、という判断がすべて生じるのである。しかしながら、この自由は決して経験概念ではなく、またそうではありえない。なぜなら、たとえ経験が、自由を前提とするとき必然的であると思われる要求と反対のことを示すとしても、自由の概念はそれでも存続するからである（GMS BA 113f./AA 455）。

自由は「経験概念ではない」とは、いかなる経験的行為も自由を示すことはできないし、いかなる経験も、自由を決定的に否定することもまたできない、ということである。これが前半部分の主旨である。このことが「なぜなら」以下で説明される。例えば、身近な人を助けることができる状況にいたにもかかわらず、実際には何も行動しなかったとき、後になって後悔するということが確かにある。その際「後悔」は、自分が「自由を前提するとき」当然すべきであったと思われること、つまり自分が助けることのできる人を助けること、したがって「必然的であると思われる要求」を行わなかったことに対する自責の念であるだろう。もしすべてが「私」の力を超えたところで決定されていたのだとすると、そもそも「私」ははじめからその人を助けることができなかったわけであり、後悔は無用の妄想であることになる。ここでは、このような世界観、つまり決定論的世界観は採られていない。カントはここで、当然すべきであったことを「私」が行わなかったとしても、「自由の概念はそれでも存続する」と述べる。したがって、自責の念が起こることについては十分な理由がある、と考えるわけだ。すなわち「たとえ経験」は、「私」が当該人物を助けなかったことを「示すとしても」、「私」がその人を助けることができたということ（すなわち「私」の自由）は「存続する」。つまり、実際には「私」は自ら自覚する責任を果たすことができず、後悔し自責の念をもつのであるが、そのことは空しい妄想ではなく、正しい後悔である、ということがここでの主旨である。しかし、自然の必然性と矛盾することなく考えることのできるこのア・プリオリな自由概念について、それが真に実在するといえるのかどうかについて、カントは最終的に否定的に述べている。意志の自由は、自然の必然性と矛盾することなく考えることはできる。しかし、その実在性についてはこれを積極的に論証することはできない、と。

したがって、自由はただ理性の理念であり、その客観的実在性そのものは疑わしい zweifelhaft（GMS BA 114/AA 455）。

ここには自由概念の客観的な実在性についての明確な疑念が述べられている。純粋悟性概念である「原因と結果」を適用し、現象する事象連鎖のうちに「結果」を置きつつ、それ自身現象することのない叡知的な「原因」を置くことで、何ものによっても制約されていない「原因」としての自由という理念を想定することはできるけれども、そのことからこの理念の「客観的実在性」を導出することはできない、という理論理性の観点からの解釈である。なぜなら、この叡知的な「原因」には、認識が成立するための条件として理論理性が求める直観の対象が欠けているからである。ここには、『純粋理性批判』以来一貫して採られている理論理性の観点からの「客観的実在性」概念の事例をみることができる。

第三節　『実践理性批判』の課題

「序言」の冒頭でカントは『実践理性批判』という書名について、そこに「純粋」という語を付さなかった理由を述べたうえで、この書の主旨について、それは「純粋な実践理性があるということを論証」（KpV A 3/AA 3）することであり、そのために「理性のすべての実践的能力を批判する」（ibid）と述べている。この点については本論で改めて説明されている。「この分析論は、純粋理性が実践的でありうること、つまり純粋理性がそれ自身で、あらゆる経験から独立に意志を規定しうることを明らかにすることである」（KpV A 72/AA 42）。理論理性への反省の脈絡では「単一性」や「実在性」、また「実体と偶有性」や「原因と結果」といった概念が、経験そのものの可能性にとって制約となるア・プリオリな概念として論証されていた。これらの概念は、自らに対応する感性的直観の対象を通じて、経験のうちに事実そのあることを検証することのできるア・プリオリな概念である。これに対して実践理性の領域では、純粋な理性のはたらきがまだ明確でない、ということがここでの前提である。換言すれば、純粋な実践理性の活動が実際にあるのか、それとも実践理性の活動には常に必ず経験的な要素が混じっているので、純粋な実践理性というものは存在しないのか、ということがまだ確定しておらず、したがって純粋な実践理性のリアリティはここで改めて論証されねばならない、ということがここに示されているわけだ。純粋な実践理性とは、あらゆる経験的制約から独立に、自らだけで意志を規定することのできる能力であり、そのために必要となるのが、同じく経験的ではなくまったくア・プリオリな規定根拠である。ここで意志に対する規定根拠となるのは、自然法則とは異なる法則であり、それによって実用性に基づく秩序とは異なる秩序を構成することになるはずの法則である。そして、この法則の定立を含むあらゆる純粋な実践理性のはたらきを明らかにするとともに、このはたらきに基づいて構成される実践の領域の見取り図を描くことが、『実践理性批判』のもつ課題となる。また、ここで純粋実践理性の活動とともにあり、また実践理性と理論理性の結節点の役割を担うのが自由概念である。実践の脈絡で理性が経験から独立に活動することの前提となり、これを可能にするのが、経験に対して無制約的な自発性としての自由、すなわち超越論的自由である。第二『批判』の主要な課題の一つは、無制約的な自己活動性としての自由の実在性を、道徳法則を介して論証することにある。この概念について「序言」では次のように述べられている。

しかしまた自由は、思弁的理性のあらゆる理念のうちで唯一私たちがその可能性を、洞察するわけではないが、ア・

プリオリに知っている理念である。というのも自由は、私たちが知っている道徳法則の条件であるからだ。神と不死の理念はしかし道徳法則の条件ではなく、ただ道徳法則を通じて規定される意志の、つまり私たちの純粋理性のただ実践的である使用の、必然的客観にとっての条件であるにすぎない（KpV A 5/AA 4）。

ここには、実践理性に基づいて考察される広範な領域が素描されている。自由という理念は道徳法則のあることの不可欠の条件であるが、他の二つの理念、すなわち「不死」と「神」とは、その条件ではなく、それらのあることが前提されなくても道徳法則はその実在性が論証される。魂の「不死」性と「神」とは、「自由」とともにヴォルフに始まる当時の形而上学[2]が主題化する概念であり、例えばバウムガルデンのもとでは「不死」と「自由」は形而上学を構成する「心理学」で、「神」は「自然神学」で考察されていた[3]。またカントは『純粋理性批判』の「弁証論」で、「魂の常住性」を「純粋理性の誤謬推理」、「自由」を「純粋理性の二律背反」、そして「神」を「純粋理性の理想」でそれぞれ取り上げ、それら概念が私たちにとって決して無視することのできない関心事であり、思弁的理性にとって不可避の対象であることを認めたうえで、その認識可能性については、否定する。それらは私たちにとって避けることのできない関心の対象ではあるが、しかしこれらの存在することを私たちは決して感性的に直観することができず、したがって認識することができないのである。

魂の不死性ならびに神概念は、道徳法則によって規定される純粋理性の「必然的客観」、つまり「幸福」と幸福に値することの条件である「徳」との構成する「最高善」（KpV A 194/AA 108）にとって、これらを論証するための条件となるものである。換言すれば、カントによれば徳と幸福の一致の可能性を考えるとき、魂の不死性と神とが、不可欠の条件となる。その理由は、私たちが「徳」を自らのものとするには、いわばそのプロセスのため、現世での生を超えてさらに続く時間が必要であり、そのことなしに私たちは「徳」を得ることはできないと考えられるからである。幸福を得ることと徳を得ることとは、恐らく一般的には互いに矛盾する願望であるだろう。この矛盾を解消するために求められるのが、すべてを洞察し私たちの個々のはたらきを正当に評価する裁判官としての「神の現存在」（KpV A 223/AA 124）である。カントによれば、このような無謬の裁判官を想定することではじめて「徳」と「幸福」の一致の可能性が考えられることになる。しかし、道徳法則の成立に関しては、「不死の魂」と「神」という二つの理念は前提されない。この法則が前提するのはただ「自由」の理念だけである、というのがここでの論述の主旨である。

「自由」については、私たちが「ア・プリオリに知っている」理念だといわれる。ここで「ア・プリオリに」とは、経験を通じて（ア・ポステリオリに）知るのではなく、あるア・プリオリな別のもの、しかも私たちが既に知っているものを通じて、知っていることを意味する。つまり「自由は、私たちが知っている道徳法則の条件」であり、そのゆえに私たちは自由の理念をア・プリオリに知っているとみなされる。したがって私たちが「道徳法則」を意識することが、間接的に、あらゆる経験的制約からの独立を意味する自由を意識することにつながるわけである。換言すれば、道徳法則を意識することによってはじめて自由が意識されることになる。経験的には道徳法則もまた、「私」がある特定の時に行う選択や行為への反省意識のうちに、そのあることが自覚されるのではあるが、しかしそれがいったん自覚されると、この法則が行為選択の場面で常に「私」を制約していたことが改めて理解できるような、恒常的に主体を制約していることが分かるような法則である。

ここに示されているのは、道徳法則を介してはじめて把握される概念としての自由であり、この法則との結びつきを廃棄するならば、そのあることを把握することのできない概念としての自由である。この論証の手続きに『実践理性批判』での自由概念の論証の特徴を認めることができる。別の観点からみるならば、道徳法則からの独立、ないしこの法則の否定を意味する自由は、この脈絡では考えることができないことになる。消極的概念であり、直接これを把握することができない無制約的な自発性（すなわち超越論的自由）それ自身は、道徳法則そのものと結びつかないことが考えられる。この自発性の始源に「叡知的」な性格を置くのが批判期のカントである。また第一『批判』では「叡知的世界」がはっきりと「道徳的世界」（**KrV B 836/A 808**）とみなされていた。しかし、無制約的な自発性の始源に、叡知的ではなく、道徳的でもない性格を想定することもまた、確かに可能である。カントの後継者を自認するショーペンハウアーは、カントの認識論の基本的立場を称賛しつつ自身の学位論文で、カントがこの自発性の起源の位置に想定する「叡知的性格」（**KrV B 567/A 539**）について、これに代えて「非叡知的性格（**inintelligibler Charakter**）」[4]を置くことを提案している。カントの「叡知的」には「知的」という意味だけではなく道徳的という意味が含まれており、カントの倫理学体系のうちでは、「叡知的＝道徳的」ということがその根幹に認められる。しかし、ここから一歩離れて考察するならば、私たち自身充足的に理解することのできない自己の「性格」が、「道徳的」であるのかそれとも「非道徳的」であるのかを、自身によって見極めることは決してできない。ここには確かに「自己」のもつ計り知れない深みが洞察されるといえる。私たちの自己理解の限界がここに横たわっている。[5]

第二『批判』に戻るならば、ここでは自由と道徳法則が互いに緊密に連関し合っており、この連関する両者の状態をカントが実践への反省の脈絡の原初に位置する状態とみなしていることが読み取れる。何ものにも制約されていない心の自発性としての自由と、一切の経験から独立に理性が定立する道徳法則が結びつき、一体化している状態というものが、カントにとって論証に先立つ確かな出発点であったと思われる。この観点から、自由概念の実在性について次のように述べられている。

実践理性は今やそれ自身だけで、思弁的理性と申し合わせをすることもなしに、原因性のカテゴリーの一つの超感性的対象に、すなわち自由に、実在性を得させる（ただし実践的概念としてであり、また、ただ実践的使用のためにではあるのだが）。それゆえそこ〔『純粋理性批判』〕では単に考えることができるに止まったものを、一つの事実によって承認するのである（KpV A 9/AA 6）。

ここには自由を、「原因性 Kausalität」のカテゴリーの超感性的な対象とみなす解釈の根底にある考え方が改めて提示されている。すなわち自由は、純粋悟性概念（カテゴリー）の一つである「原因性」を超感性的対象に適用することで得られる概念だとみなすわけである。したがってここで自由は、原因性という純粋悟性概念によって考えられ、この概念が適用された「超感性的」な対象である。この自由は理論的反省の脈絡では自然の因果性と矛盾することのない理念であるに止まるというのが『純粋理性批判』以来一貫してカントの採る立場であり、既にみたように『基礎づけ』でも、自由の客観的実在性は最終的に「疑わしい」（GMS BA 114/AA 455）とみなされていた。これに対して、ここでは理論的観点とは異なる解釈を実践的観点から行うことが、改めて宣言されているといえる。換言すれば、ここでは実践的観点から、実践的概念として、また実践的使用のために自由を考察し、その実在性を論証しようとするわけである。また、ここでの「一つの事実 ein Factum」とは、私たちの道徳的な反省のうちでリアルなものとして私たちに迫ってくる道徳法則の意識である。道徳法則は、なるほど感性的直観の対象ではないので、これを悟性によって認識することはできないが、しかし私たちの意識のうちなる「事実」だというのが、第二『批判』でのカントの根本的な立場である。

第四節　自由と道徳法則

既にみたように、自由はこれを直接把握することはできないが、しかしそのリアリティを私たちが直接理解している道徳法則を介して、間接的に知ることができるというのが『実践理性批判』の基本的な観点である。この法則と自由との不可分性については、次の文からも読み取ることができる。

自由と無条件的な実践的法則は、それゆえ相互に互いを指示しあう。私はここで、この両者が実際に互いに異なるものであるのかどうか、また、むしろ無条件的な法則はただ純粋実践理性の自己意識であり、純粋実践理性は自由の積極的概念と同じものではないのか、と問いはしない。そうではなく、無条件的――実践的なものについて私たちのもつ認識は何から始まるのか、つまり自由から始まるのか、それとも実践的法則から始まるのか、と問うのである。私たちの認識が自由から始まることはできない。というのも自由の第一の概念は消極的であるので、自由を私たちは直接意識することができないからであり、また、経験から自由を推理することもできないからである。経験は、私たちにただ諸現象の法則を与えるだけであり、したがって自然のメカニズムを、まさに自由と反対のものを認識させるだけだからである（KpV A 52f./AA 29）。

前半部では、自由と道徳法則が改めて不可分のもの、一つのものの二側面として描かれている。思弁的理性の反省の脈絡で主題化される自由は、経験的な一切の制約から独立し、無制約的な自発性として理解される概念であり、それ自身を直接意識すること、何らかの対象として把握することはできない。引用箇所で指示されているのは、『純粋理性批判』で「超越論的自由」（KrV B 474/A 446）と名付けられた、意志の無制約的な自己活動性としての自由概念である。この自己活動性は、それが経験から独立しており無制約的である限り、直接これを意識することはできない。これに対して、道徳的命令として私たちの意志のうちに自覚されるのが「無条件的な実践的法則」、すなわち「道徳法則」である。引用文からはまた、純粋実践理性とはつまるところ道徳法則を自ら立法し、同時にまたこのはたらきを自覚する理性であり、このはたらきそれ自身が、ある状態を自ら始める能力である自由と同一のものに他ならない、という主張が読み取れる。換言すれば、道徳的命題を命令するということ自身を実践理性の一つの自己活動性とみなし、そのことのうちに経験的な一切の制約から独立する自発性を同時に認めるわけである。また、別の観点からは次のようにも解釈できる。「自由の第一の概念」すなわち無制約的な自発性は、一切の経験的制約からの独立をのみ意味する「消極的」な自由概念であり、これを直《じか》に意識することはできない。これに対して道徳法則は、定言的命令として直接意識することができ、ここで意識された道徳的命令を実践理性自身が自ら立法するものとみなし、この立法という活動を、同じく一切の経験的制約から独立しつつ実践理性が行う活動として、これを積極的な自由概念とみなす、という解釈である。いずれにしても、ア・プリオリな道徳法則の立法は無制約的な自発性を不可欠の前提としており、それなしにはその成立を考えることができない。そしてこの無制約的な自発性としての自由は、経験のうちに起源をもつのではない道徳法則を通じてのみ、それがあることを理解することのできる、一つの理念に他ならない。両者は不可分の関係にある。この点については、純粋理性が経験から独立に直接的に意志を規定し得ることを説明する脈絡で、改めて次のように述べられている。

それゆえこの仕事において批判は、非難されることなく純粋な実践的諸法則とその現実性から始めることができるし、また始めなければならない。批判はしかしこの純粋な実践的諸法則の根底に、直観を置くのではなく、叡知界におけるこの法則の現存在の概念を、すなわち自由の概念を置く。というのも、自由の概念はこのもの〔純粋な実践的諸法則〕以外の何ものをも意味せず、またこれら純粋な実践的諸法則は、意志の自由に関わることにおいてのみ可能であり、しかしまた意志の自由という前提のもとでのみ必然的であるからである。あるいはこれを逆にいえば、意志の自由が必然的であるのは、それら諸法則が実践的要請として必然的だからである（KpV A 79/AA 46）。

ここでは、「叡知界における」実践的諸法則すなわちカントの二元的世界考察において「感性界」とパラレルに語られる「叡知界」に位置づけられる道徳法則の概念が、「自由の概念」を意味するとされており、両者が一つのものとみなされている。また理論理性との比較のうちに実践理性の活動がおよそ次のように解釈されている。理論理性の反省の脈絡で認識活動の基点となったのは感性的「直観」であり、この直観がア・プリオリな諸概念のリアリティを裏付ける役割を果たしていた。経験そのものの可能性を制約するものとしての純粋悟性概念は、それが感性的直観のうちに対象をもつことによって、そのリアリティを証明することができた。これに対して、ここでは意識のうちなる純粋な実践的諸法則のもつ私たちに対する「命令」としてのはたらきが、決して無視することのできない実在感をもつものとして、反省の原点となっている。実践理性への反省の脈絡では、意識のうちなるこの法則の命令のもつリアリティが出発点となり、またならざるをえない。[6]

第五節　理論理性と実践理性の分離と結合

以上にみた自由概念の論証については、理論理性と実践理性、ないし理論的観点と実践的観点の区別、ならびにそれぞれの認識可能性の射程のもつ差異を認めることで、はじめて理解可能となるだろう。別の箇所でカントが道徳法則の「命令」というはたらきに認める「事実 Faktum」（KpV A 96/AA 55）もまた、それが理論的観点とは異なる実践的観点からの省察であるという前提のもとでのみ、理解可能となる。ここで問われるのは、そもそもこのように理論的観点と実践的観点とを区別し、前者からはその実在性を承認できない概念について、後者からはこれを認めるというカントの論証のあり方そのものに正当性を認めることができるのかどうかということである。ディーター・シェーネッカーは自らの著書でカントの自由概念を、宇宙論の脈絡で主題化された無制約的な自発性としての自由（超越論的自由）、選択意志が理性の示す動因に従うところに成立する実践的自由（経験的・実践的自由）、そして超越論的自由を前提に成立する実践的自由（超越論的―実践的自由）に区別する。そのうえで、理論的反省の脈絡にみられた超越論的自由概念と、実践的観点のものとに考察された二つの実践的自由概念について明確に区別している。しかし、理論的観点と実践的観点というカントの区分そのものについて、その是非を論じることは行っていない。[7] ヨッヘン・ボヤノウスキはカントの自由概念を主題化する著書で、[8] 理論的ならびに実践的観点の区別について繰り返し言及し、二つの観点を区別することに基づいてカントが理論的には自由を単なる理念とみなしつつ、実践的観点からという限定のもとでその客観的実在性を認めることを確認している。またこの二つの観点について、それが現象と物自体の区別に基づき、人間を理性的存在者とみなすことに基づくとする先行研究を紹介した後、次のように述べている。「カント解釈者の大部分は、第二『批判』でカントは演繹論の誤謬を認識し、したがって道徳法則をあっさり事実として置いた、という印象をもっている」。[9] ここでの「演繹」とは、自由概念から道徳法則を演繹しようとする試みのことである。ボヤノウスキは、自由概念についてカントが一方で理論的観点から一貫してその客観的実在性を認めず、現象する事象との間に矛盾を起こさない理念として認めるに止まりつつ、他方では実践的観点からこの概念の実在性を認めることについて、そこに一貫性を認めている。「『基礎づけ』でカントはまだ道徳法則をその存在根拠である自由から演繹することを試みているが、第二『批判』では〔…〕理論的認識と実践的認識の間の原理的区別が承認され〔…〕先行して自由の合法性を証明する必要なしに、道徳法則が実践的認識の事例として直接的な理性認識となる」。[10] カントの理論的認識と実践的認識の間の原理的区別についてボヤノウスキは肯定的に理解するようである。ここでの「原理的区別」とは、感性的直観を伴う対象についてだけその実在性を認めるのか、それとも感性的直観が伴わなくとも道徳的「命令」としての法則の意識を「事実」として認め、その不可避の前提である自由の実在性をもまた承認するのか、という区別である。この点について「演繹」に焦点を絞って比較するならば、『純粋理性批判』での純粋悟性概念の「演繹」論では、純粋悟性概念は感性的直観のうちに自らの対象をもち、これら対象を介してア・プリオリな悟性概念の実在性を確認することができたのに対して、『実践理性批判』での道徳法則については、これに対応するものを感性的直観のうちに認めることはできないので、前著と同じ仕方でその実在性を論証することはできない。この点について第二『批判』では「むなしく試みられた道徳原理の演繹」(KpV A 82/AA 47) といわれている。実践的観点は理論的観点と原理的に区別されているわけである。では、この区別についてカント自身はどのような反省を行っているのだろうか。「理性の理論的使用においてはそれ自体不可能である拡張を、実践的使用において行う純粋理性の権能について」という見出しのもとに、カントは自ら次のような問いを立てている。

〔私たちは〕このように私たちの認識を後者〔感性界〕の限界を超えて拡張したのではあるが、しかしそのような越権について『純粋理性批判』は、あらゆる思弁において無効を宣告していた。そうすると、ここで純粋理性の実践的使用は、同じ純粋理性の理論的使用と、いかにしてその能力の限界規定に関して統一することができるのだろうか(KpV A 88/AA 50)。

このような問いを立てることのうちに、自らの思索の手続きに対してカント自身が反省的な視点をもっていたことが読み取れる。理論的観点からは認められない純粋悟性概念の超越論的対象への適用、例えば原因性概念の自由への適用が、実践的観点では認められることの正当な理由は何なのか、という問いである。このような問題提示の後、カントは原因性概念を例にその拡張的使用について、原因性概念は純粋悟性概念の一つであり、経験に先立ち経験そのものの可能性を制約するという役割をもち、一方でその適用範囲は感性的直観の与えられる領域に限られるけれども、しかし他方ではそれが経験から採られた概念ではないので、超感性的対象すなわちヌーメノンに適用することが不可能ではないとみなす。カントによれば、純粋悟性概念である原因性概念は、直観が与えられていないところでは、対象認識のために適用することはできないが、しかしこの概念の実在性は保持される。すなわち、純粋悟性概念の「客観的実在性はずっと存続しており、ヌーメノンにもまた適用され得る——この原因性の概念を理論的にほんのわずかでも規定するということはできず、そのことで認識を生むこともできないのではあるが――。というのも、原因性の概念が〔直観が与えられていない〕ある客観へと関係することは不可能ではないということは、この概念が純粋悟性のうちに自らの所在をもち、感官の諸対象へのあらゆる適用が保障されていた、ということによって既に証明されていたからである」（KpV A 95f./AA 54）。純粋悟性概念は、経験に由来する概念ではないので、これが感性的な諸対象へと適用されなくとも、それ自身のあることは既に証明されていた、と考えるわけである。一七七〇年の論文『感性界と叡知界の形式と原理』以来、カントは経験の対象となる感性界と、悟性概念によって考えることだけが可能な対象領域としての叡知界という二つの領域を自らの世界観の基礎に置いており、そのうえで現象ないしフェノメノンと現象することのないヌーメノンという二つの種類の対象について考察していた。この一七七〇年の論文では、カントはヌーメノンの認識についてそれが不可能であるとは考えていなかった。そこでは、「悟性能力によって認識されうるものしか含まないものは、叡知的である」（De mundi § 3, A7/AA 392）と述べられており、感性的に対象化することのできないものについて、悟性能力だけによる認識の可能性が、積極的に語られているわけではないが、認められていた。これに対して『純粋理性批判』では、感性的直観を伴わない純粋悟性概念だけによる対象認識の可能性がいったん明確に否定される。そこでは例えば次のように述べられていた。「カテゴリーはそれだけでは何ら認識ではなく、与えられた直観から認識をつくるための単なる思考形式」（KrV B 288）であり、「単なるカテゴリーからはいかなる総合的命題もつくることができない」（KrV B 289）。カテゴリーすなわち純粋悟性概念は、直観が与えられることを前提に、この与えられた直観をもとに認識をつくることになる。直観はカントのもとでは例外なく感性的直観であり、この直観は外的直観である空間と内的直観である時間を意味する。『実践理性批判』では、感性的なものと叡知的なもの、フェノメノンとヌーメノンについてのカントの理解に、理論理性の観点からならびに実践理性の観点から、という観点の複数化に基づく変化があったと考えられる。時空的に対象化することのできない道徳法則は、その限りヌーメノンであるはずだが、私たちの意識のうちなる「事実」として扱われることになったわけである。

先の引用文に戻るならば、そこでは、純粋悟性概念は経験的起源の概念ではなく経験から独立しているので、経験のうちにその対象が存在しない場合でも、この概念自身の「客観的実在性 objektive Realität」は維持されており、これを直観なき対象（ヌーメノン）に適用すること、無制約的な自発性という理念に適用することは——それによって理論的認識を生むものではないけれども——それ自身矛盾を含まず、したがって不可能ではない、と考えられている。直観が与えられていない理念である無制約的な自発性（自由）に、原因性という純粋悟性概念を適用することは矛盾を含まず、したがって不可能ではない、というのがここでの主旨である。純粋悟性概念は思考の形式であり、何かを考えるとき必ず必要となるア・プリオリなインストゥルメントである。理論理性による認識の脈絡では純粋悟性概念が感性的直観の対象にではなく、直観することのできないものを思考するために用いられることは「内容のない思考」であり「空虚」（KrV B 75/A 51）だとみなされた。したがって、ここでは直観に代わる何かが求められるに違いない。そして、ここではそれが既にみた「理性の事実」（KpV A 56/AA 31）である。これは行為に先立つ個人的な行為選択の原理への反省の脈絡で、反省意識のうちに現れる行為法則であり、またこの法則により私たちの意志が拘束されているという確かな自覚である。この自覚に基づいてこの法則ならびにその不可欠の前提である自由について、原因性のカテゴリーを適用し、この概念に実在性を認めることで、実践の領域における認識の拡張が試みられることになる。換言すれば、道徳法則の生成する始源に位置する自己活動性ないし自発性に、原因性という純粋悟性概念を適用することで、実践理性の反省の領域の認識を拡張しようとするわけである。しかし、純粋理性の理論的使用と実践的使用とがいかにしてそれぞれの能力の限界規定に関して矛盾を回避することができるのかという問いについては、ここでの省察からだけでは答えをみつけることができないように思われる。理論的観点と実践的観点の差異については、次のようにも問われている。「いかにして実践的意図における純粋理性の拡張は、思弁的な理性認識を同時に拡張するものではないものとして、考えることができるのだろうか」(KpV A 241/AA 134)。思弁的認識を拡張するのではなく、ただ実践的脈絡でのみ理性の認識の拡張を図るということの可能性について、ここでは問われている。それでは、純粋な実践理性による認識の拡張の前提とは何なのか。

第六節　純粋理性が根源的に求めるものとしての「最高善」

純粋な実践理性による認識の拡張を認めようとすることの前提としてカントが提示するのは、私たちが自らの営みの最終的目的として求めるものである。この最終的目的のゆえに実践理性は自らの認識を拡張しなければならない。

> 純粋な認識を実践的に拡張するためには、意図がア・プリオリに与えられていなければならない。つまり、すべての理論的[11]諸原則から独立に、意志を直接規定する(定言的)命令によって、実践的に必然的なものとして表象される(意志の)客観である目的が与えられていなければならない。そしてここでの客観とは、最高善である(KpV A 241/AA 134)。

ここでの「ア・プリオリに与えられていなければならない」「意図」とは、あらゆる経験から独立に、私たちの理性のうちに見出すことのできるはずの、いわば普遍性をもった意図であり、誰もがこれを分かちもつはずの意図である。そして、この意図がここでは「最高善」である。「最高善」とは、自らの傾向性の満足に基づく充足感としての「幸福」と、個人的な行為原理である格率への反省のうちに自覚される普遍化可能な行為原理に従うことを意味する「徳」が、一人の人間のうちで一つになることである。換言すれば、幸福と幸福に値することとが、一人の人間のうちで一致することが、ここで求められているア・プリオリな客観としての「最高善」である。したがって、徳と幸福の一致として提示される最高善という特殊な目的が、実践理性の反省の脈絡で、認識を拡張することの前提となるものに他ならない。ここでカントは思弁的理性の認識範囲を超え出て、実践理性が自らの認識を拡張しようとすることに十分な理由のあることを論証しようとしている。感性的でありつつ理性的でもある存在者として人間がもつ意識のうちなる最終目的を確定し、これへと近づく過程を明示するためには、感性的に対象化することのできる事象の領域に止まることなく、どうしても理論理性の定める認識の限界を超え出て、さらにその先へと進まなければならない、ということである。見方を変えるならば、人間は自己が理性的存在者としてア・プリオリに理性自身のうちにもつ最終目的の求めに応じようとする限り、理論理性の提示する認識の限界を超えて、実践理性によって自らの認識を拡張しなければならない。すなわち、純粋理性が提示する最高善というア・プリオリな概念を確かなものにしようとする限り、実践理性は理論理性の提示する認識の限界を超えてさらに進まねばならないことになる。「自由」「魂の不死性」「神」という三つの概念は、理論理性にとってもまた決して等閑視することのできない重要な関心事ではあるが、しかし同時にまたそれについて思考することが可能な特殊な概念以上のものではなく、その客観的実在性はそれらが感性的直観の対象とされえない限り、承認することができないイデーであるに止まる。しかし、実践理性にとっては、それらはすべて理性的存在者に求められる最後の目的である「最高善」が可能となるための不可欠の前提となる条件である。実践的観点からはこの三つの理念について次のようにいわれる。

思弁的理性の上記三つの理念は、それ自身まだいかなる認識でもない。けれどもそれらは（超越的）思考対象であり、この思考対象のうちには不可能なものはまったく含まれていない。さて、これらの理念は、必当然的な実践的法則によって、この法則が私たちに自らの客観とすることを命じるものの可能性の必然的条件として、客観的実在性を得る（**KpV A 243/AA 135**）。

「魂の不死性」「自由」「神」について、それらが「（超越的）思考対象」であり、「この思考対象のうちには不可能なものはまったく含まれていない」とは、それらが概念として自己矛盾を含まない、ということである。魂の不死性を自らのうちに想定することとそれ自体には矛盾はない。同じく自己の意志のうちに、無制約的な自発性を想定することにも、矛盾はない。私たちはそのような想定のうちに、身体はあくまでも自然法則に従うものであり、死によってそのはたらきを止めるが、魂はフィジカルな事象とは異なり自然法則に完全に従うものではないので、身体とともに滅びることはないと、少なくとも考えることはできる。自由についても「叡知的性格」（**KrV B 566/A 538**）を認める限り、それ自身矛盾することのないものとして考えることは可能である。ただし、そのことからそれら概念の実在性を導出すること、それらが客観的に実在することを導き出すことはできないはずである。では、これら超越的思考対象が単に思考対象であるというだけでなく、「客観的実在性」をもつとみなされる理由は何なのか。

先ず、ここでの「必当然的な法則」とは道徳法則であり、この法則が私たちに「自らの客観とすることを命じる」ものが「最高善」である。最高善はここで、理性が実践的反省のうちに自ら自ずと求めるものであり、実践理性にとって最終的な目的となるものである。そして、カントによれば、最高善が可能であるための不可欠な条件として、この三つの概念が実践的観点から拡張的に適用され、そのことで「客観的実在性」が付与されることになる。換言すれば、この三つの概念の実在性が認められなければ、道徳法則の客観、すなわちこの法則が私たちに対して最終的に求めている最高善はその可能性を論証することができなくなる。この最高善が決して恣意的なものではなく、すべての理性的存在者にとって最終目的としての妥当性をもつことについては、次のようにも述べられている。

しかしここで問題となるのは理性の要求であり[12]、これは意志の客観的規定根拠、すなわち道徳法則から生じるものである。この道徳法則はすべての理性的存在者を必然的に拘束している。それゆえ自然のうちでこの法則に合致する諸条件をア・プリオリに前提する権限をもち、またこの諸条件を理性の全面的な実践的使用と分かちがたく結びつけるのである。私たちの能力を最大限に用いて最高善を実現する、ということは義務である。それゆえまた、最高善はやはり可能でなければならない。したがって、最高善が客観的に可能であるために必然的であるものを前提することは、世界のうちなるどの理性的存在者にとってもまた不可避である。この諸前提は、道徳法則と同様に必然的であるが、しかし道徳法則との関係においてのみ妥当するものである（KpV A 259 Anm./AA 144 Anm.）。

自然のうちで道徳法則に合致する諸条件とは、自然のうちなる因果連関の系列のうちにありつつ、それ自身現象することのない叡知的な原因である「自由」であり、またこの自由が前提となって実践理性が目的として提示する徳と幸福の一致のために前提となる「魂の不死性」と「神」である。ここには道徳法則が私たちを例外なく拘束しているがゆえに、私たちは幸福だけを追求することができず、徳と幸福の一致を目的として置かざるをえないということ、つまり道徳法則が私たちに最高善を要請するということが改めて素描されている。カントによれば、このように道徳法則が例外なくすべての人間を拘束するがゆえに、私たちは幸福だけでなく同時にまた徳をも自らの一切の活動の最終目的としなければならないことになる。道徳法則が理性の命令である限り、最高善もまた私たちにとって理性によって求められる客観であり、また目的であるわけだ。換言すれば幸福だけでなく、同時に徳をも求めることが、理性によって要求されているわけである。

また、私たちが理性的存在者であるということに定位して考えるならば、次のようにいえるだろう。すなわち、理性的存在者である限り私たちは幸福だけではなく、幸福に値することを目的とせざるをえない、なぜなら理性がそれを求めているからである。あるいは、私たちは、理性的存在者として自らに満足するために、幸福だけでなく徳を必要とするのであり、徳なしに自己の本当の満足を得ることができない。それは理性が、理性的存在者に求めるものだからである。カントはこのように考えていると思われる。そして、このような考え方に基づいて最終的に求められるのが「最高善」[13]である。

最高善はまたカントによれば、実践理性だけでなく同時に理論理性にとっての客観でもありうる。純粋理性はそれ自身、理論的でも実践的でもありうるが、しかし同時にまた経験から独立する理性として、唯一の純粋理性でもある[14]。このように考えるならば、最高善を要求するのは、ただ実践理性だけであるとはみなすことができない。それは、ただ一つである理性の要求だということになる。そして、この唯一の純粋理性が、理論的観点だけでなく同時に実践的観点をもち、それぞれの関心に即して対象と関わることになると考えられる。その際、両者はどのように関わり合うのか。カントによれば理論理性と実践理性はまったく同等の関係にあるわけではない。

それゆえある一つの認識のために純粋思弁理性と純粋実践理性が結合されるとき、この結合が決して偶然的でも恣意的でもなく、ア・プリオリに理性自身に基づいており、したがって必然的であると前提されるならば、純粋実践理性が優位にある（KpV A 218f./AA 121）。

ここでの「ある一つの認識」を最高善とみなし、それを認識するために思弁理性と実践理性が結合するのだとすると、そのとき両者はまったく対等の関係にあるのではなく、実践理性の側に「優位 Primat」が置かれることになる。カントによればその理由は次の点に求められる。「なぜなら関心というものは最終的にすべて実践的であり、思弁理性の関心ですら制約されており、実践的な使用のうちでのみ周到なものとなる」（KpV A 219/AA 121）からである。思弁理性（理論理性）の関心は実践理性によって制約されており、実践理性の関心のもとで使用されることではじめて完成したものとなる、とここでは考えられている。思弁理性は、認識の対象となりえないもののうちにも、自ら関心をもたざるをえないものをもつ。それが例えば「魂の不死性」「自由」「神」である。思弁理性の関心対象でもあるこれらの理性概念をもとに、実践理性は自らの認識を拡張しようとする。そして、カントによれば、これらの概念は実践的な使用のうちで「周到」なものとなる。その意味は、思弁理性の関心が実践理性の活動のうちに補完され、そして完結するということである。換言すれば、魂の不死性、自由、神という三つの概念についての思弁理性の関心が、実践理性の提示する最高善という目的のもとに、その不可避の前提として、改めて体系内に確かな位置づけを与えられることになる。そしてこの体系内での位置づけということによってこれらの概念に、客観的実在性が与えられることになる。

おわりに

『実践理性批判』に示された実践哲学の体系において「自由」は、「不死の魂」そして「神」概念とともに、「最高善」という最終目的へと至るために不可欠の構成要素とされる。自由概念は、他の二つに先立つ位置に、この体系全体の要の役割を担っている。「序言」で述べられるように自由概念は、理論理性の反省と実践理性の反省からなる批判哲学という体系の「要石」（KpV A 4/AA 4）でもある。しかし、自由概念はここでもまた、それ自身直接対象化することのできない、その意味で消極的な概念であるに止まる。この消極的な概念を積極的に顕現させるのが、道徳法則である。すなわち、行為選択を反省する私たちのうちで定言的な命令として意識される道徳法則が自由概念を、この法則と表裏一体のものとして、顕現させる。具体的には、「嘘をついてはいけない」といった道徳法則の意識は私たちにとって既に否定することのできない事実だという理解、しかもそれはただ経験によって得られたような法則ではなく、いわば経験の成立条件と同じア・プリオリな位置にある法則であるという理解のもとに、その不可避の前提として、一切の経験的制約から独立する自発性としての自由の実在性が認められることになる。

この自由を前提に、「幸福」と「徳」（これは幸福に値することと解される）の一致である「最高善」へと向かう過程としての実践理性の課題が提示される。この壮大な実践哲学の体系のうちにあって、自由概念はその基盤に位置している。この位置づけは『判断力批判』（1790）に引き継がれている。[15] このカント哲学の体系は、一切の経験的制約からの独立を意味する自由を認めなければ決して成立しない。自由の理念は、最高善をその頂点とする体系にあって、その基盤となるものであり、それなくしてはこの体系そのものが成立しない「要石」である。このようなものとして自由は理性が求めるもの、不可避的に「要求」するものに他ならない。

後注

1 『純粋理性批判』でカントは、「私は感官の対象のもとにあって、それ自身現象ではないものを叡知的と名付ける」（KrV B 566/A 538）と述べている。

2 ヴォルフが自らの世界観を初めて体系的に提示した著書 Christian Wolff, *Vernünfftige Gedancken von Gott, der Welt und der Seele des Menschen, auch allen Dingen überhaupt*, Halle [11]1751 ([1]1719); WW I. 2.（これはふつう『ドイツ語の形而上学』と略称される）には、既にそのタイトルに「神」「人間の心」がみられる。「自由」は、「心一般について」（§§ 191-539）の §§ 518-521で、心ないし魂の「不死性」は「心と精神一般の本質について」（§§ 727-927）の § 926で、「神」は「神について」（§§ 928-1089）で、それぞれ論じられている。

3 バウムガルテンも自らの『形而上学』で「自由」を「経験的心理学」（§§ 504-739）の §§ 719-732で、心ないし魂の「不死性」を「合理的心理学」（§§ 740-799）の §§ 776-781で、「神」を「自然神学」（§§ 800-1000）で、それぞれ論じている。以下を参照。Alexander Gottlieb Baumgarten, *Metaphysica* (BM), Halle [4]1757 ([1]1739); ins Deutsche übersetzt u. hrsg. von Günther Gawlick u. Lothar Kreimendahl, Stuttgart-Bad Cannstatt 2011.

4 Arthur Schopenhauer, *Ueber die vierfache Wurzel des Satzes vom zureichenden Grunde. Eine Philosophische Abhandlung*, Rudolstadt, 1813, A 119.

5 一人の人間のうちに二元的な相を認めることは、批判期のカントにとって基本的了解事項であり、そこから自由概念の論証、目的としての「最高善」、またそのために前提となる「魂の不死性」「神」等が体系のうちに位置づけられることになる。人間についての二元的理解は次の箇所に纏められている。「自由としての因果性と、自然のメカニズムとしての因果性は、第一のものは道徳法則によって、第二のものは自然法則によって、しかも一人の同じ主体、人間のうちで確定しているのであるが、両者の結合は、人間という主体を第一のものに関しては存在者それ自体、第二のものについては現象として、すなわち、かのものは純粋意識のうちで、このものは経験的意識のうちで表象するのでなければ、不可能である。このように考えるのでなければ、理性の自己矛盾は避けることができない」（KpV A 10 Anm./AA 6 Anm.）。ここにはカントの二元的世界観についてのたいへん素直な言表が読み取れる。

6 別の箇所では次のように述べられている。「それゆえ私たちが（意志の格率を起案するとすぐに）直接的に意識するところのものは、道徳法則であり、この法則が私たちに先ず差し出される。そして、理性がこの法則をいかなる感性的制約によっても支配されず、またそれどころか感性的制約から完全に独立する規定根拠として提示することで、この法則は直接に自由概念へと導くことになる」（KpV A 53/AA 29f.）。ここでの説明によれば、私たちは自らのもつ行為原理について真摯に反省するとき、その原理が普遍化可能な原理でありうるかどうかということをいわば同時に意識することになる。「私」の個人的な行為原理は、常に同時に道徳法則との比較のうちに自覚され、この法則との差異のうちに反省されるわけである。

7 Vgl. Dieter Schönecker, *Kants Begriff transzendentaler und praktischer Freiheit*, Berlin u. New York, 2005, S. 169.

8 Jochen Bojanowski, *Kants Theorie der Freiheit. Rekonstruktion und Rehabilitierung*, Berlin u. New York, 2006.

9 Bojanowski, ibid., S. 225.

10 Bojanowski, ibid., S. 226f.

11 原文では「神学的（theologisch）」となっているが、アカデミー版カント全集で「理論的（theoretisch）」と解釈され（ヴァイシェーデル版カント著作集第四巻二六六頁を参照）、坂部恵、伊古田理訳（岩波書店版カント全集第七巻『実践理性批判』）を含む複数の翻訳でもアカデミー版全集の解釈に従っているので、ここでもまたこれに従った。

12 「理性の要求 Vernunftbedürfnis」とは、偶然的ないし恣意的に求められるものではなく、理性が不可避的に、経験的な制約からは独立に、したがってア・プリオリに求めるものという意味である。ここで理性が求めるものは、経験の成立に先立つところで、そもそも経験世界のあることの理由として、理性が人間に求めるものだといえるかもしれない。つまり、世界の存在すること、また人間の存在することにとっての理由となるもの、である。少なくともカントはそのように考えていると思われる。

13 角忍は、周到な発展史的研究の結論としてカントの最高善について次のように述べている。「最高善はカントの実践哲学、そればかりかカント哲学全体の展開を促す最大かつ最深の要因であった。最高善の理念を抜きにしてカント哲学はありえない。のみならず最高善は、純粋理性の体系全体を統一すべき究極目的に他ならない」（角忍『カント哲学と最高善』創文社、二〇〇八年二六九頁）。このような観点からみるならば、自由の実在性は、最高善のリアリティを基礎づける構成要素として、間違いなく体系全体にとって不可避の前提であるといえるだろう。

14 この点に関わることとして例えば次のようにいわれる。「しかしながら、もし純粋理性がそれ自身実践的であり、道徳法則の意識が証明するように実際に存在するならば、それは常にただ一つの理性であり、理論的な意図であれ実践的な意図であれ、ア・プリオリな原理に従って判断をくだす」（KpV A 218/AA 121）。

15 以下を参照。「たいへん興味深いことであり続けているのは、三つの純粋理性の理念である神、自由、〔魂の〕不死性のうちで、自由の理念が唯一、次のような超感性的概念であることだ。つまり自由の概念は自らの客観的実在性を（この概念のうちに考えられる原因性を介して）自然のもとで、その原因性の可能な結果によって自然のうちで証明し、まさにそのことによって残る二つの理念〔不死の魂と神〕と自然の結合を可能にする。そして、この三つの理念は相互に結合することで、一つの宗教を可能にするのである」（KU B 467/AA 474）。

第六章　カントの歴史哲学
――『世界市民的見地からみた普遍史の理念』にみる自然の意図

はじめに

ヨーロッパの近代を特徴づける思想運動である「啓蒙」について、その歴史的意味を最も積極的に評価した哲学者の一人がエルンスト・カッシーラーだった。『啓蒙主義の哲学』（1932）でカッシーラーは、一八世紀の啓蒙思想が人間のうちに「思考の根源的自発性」[1]を認め、その主体である人間理性への信頼を明確に表明したことを高く評価していた。この「思考の根源的自発性」という言葉には、どの時代にも経過した歴史をはじめとする諸々の外的制約が常に前提されてはいるものの、そういった制約は必ずしもすべてを決定するものではなく、私たちはまったく新たに歴史の一歩を自ら踏み出すことが可能なのだ、というカッシーラーの思いが込められている。私たちは現実に存在する事象をただ分析し解釈するだけではなく、自分たちがどうしても必要だと考える事象の「秩序」を「自ら開始し、そして現実化すべきである」[2]とカッシーラーは述べている。世界の秩序は、私たちの自由な意志によって構築されるべきものであるというのが、カッシーラーのテーゼに他ならない。また彼の「一八世紀は理性の統一性と不変性への信念に満たされていた。理性はあらゆる思考する主体、あらゆる国民、あらゆる時代、そしてあらゆる文化にとって同一の理性である」[3]という解釈にも、人間理性への信頼と期待を読み取ることができる。カッシーラーは、啓蒙ないし啓蒙主義を過去の遺物として等閑視するのではなく、また啓蒙そのもののうちに破壊的な敵対性や野蛮の萌芽をみるのでもなく、[4] これについて真摯に考察することでその積極的な側面を改めて洞察したわけである。

カッシーラーはまた、一八世紀ドイツ啓蒙思想の主要な担い手の一人であるカントの著作集を編集（全一一巻、ベルリン、1912-1922）し、その作業を通じて習得した知見をもとに『カントの生涯と学説』（1923）を記している。著作集の編集にあたってカントの諸作品を学習し、また彼の履歴について詳しく学んだことが、カッシーラーの啓蒙思想理解の一端を担っていると思われる。そのカッシーラーは、カント哲学の特徴として目的論的思考をあげ、カント哲学のうちに複数の目的論が認められるとしたうえで、「カントの歴史哲学は、彼の目的論の一般的体系のうちにあって、一つの構成要素をなすにすぎない」[5] と述べている。確かに、人類史を主題化する歴史哲学のうちには、私たち人間が共通にもつと考えられる目的が描かれている。しかしこの歴史哲学だけでなく、倫理学をはじめとするそれ以外の分野においても確かに目的論的思考を読み取ることができる。カントの代表的な目的論として、「徳」と「幸福」の一致を「最高善」という理念のもとにみる批判哲学の目的論的世界観が想起される。これについては先ず『純粋理性批判』で次のように述べられていた。「ある知性において、道徳的に最も完全な意志が最高の至福と結びつき、また世界内のあらゆる幸福の原因であり、またこの原因が（幸福に値することとしての）倫理性と正確な対応関係にあるならば、この知性の理念を私は最高善の理念と名付ける」（KrV B 838/A 810）。ここでは道徳的に完全な意志が最高の至福と結びつくところに、またこの意志が幸福の原因であり、この幸福が倫理性と矛盾するのではなく一致する関係にあることのうちに、最高善が認められている。その後『実践理性批判』（1788）では、「私たちの能力を最大限に用いて最高善を実現するということは、義務である」（KpV A 259 Anm./AA 144 Anm.）とされ、それが私たち人間にとっての最終的な到達目標として示されていた。道徳的であることと幸福であることが一致する地点へと至ることが、ここで私たちに課された義務だとみなされているわけである。また、『判断力批判』（1790）では、「自然の合目的性」という概念を通して、理論理性と実践理性の反省を総合し一つに纏めようとする脈絡で、改めて目的論的世界観が提示されている。「判断力は、自然の諸概念と自由の概念を仲介する概念を、すなわち純粋理論〔理性〕から純粋実践〔理性〕への移行を、前者に従う合法則性から後者に従う究極目的への移行を可能にする概念を、自然の合目的性という概念のうちに与える。というのも、両者を仲介するこの自然の合目的性概念によって、自然のうちでのみ、また自然の法則との一致によってのみ現実化しうる究極目的の可能性が、認識されるからである」（KU B LV/AA 196）。ここでは、自然の合目的性というア・プリオリな概念を通じて、理論理性の対象領域と実践理性の対象領域を総合し統一することが試みられている。理論理性の反省のうちに生成する決定論的で機械論的な世界像は、実践理性の反省のうちに提示される意志のはたらきの生み出す非決定論的世界像と、当初は感性界と叡知界[6]、また「自然の国と目的の国」（GMS BA 85/AA 439）[7]といった図式のうちにあって排他的な外見を呈するが、それは最後まで相互外在的な世界観であり続けるのではなく、「自然の合目的性」という概念のうちに統一することが試みられるわけである。

これとは別に、人間の本来的な「義務」を主題化する「道徳形而上学」の脈絡で、カントは自己自身に対する義務と他者に対する義務とを峻別し、それぞれのうちに完全義務と不完全義務を分けたうえで、それらのうちから「同時に義務である目的」（MST A7/AA 385）を抽出する。この、「同時に義務である目的」という理念の脈絡に、もう一つの目的論が認められる。この目的論は主に『道徳形而上学の基礎づけ』（1785）と、「法論」と「徳論」からなる『道徳形而上学』（1797）のうちに展開される。ここに示される「義務」は、理性にいわば内在し、理性が形を与え、理性が理性的存在者に命じる義務であり、理性的存在者である人間が共通に担う課題を意味するものに他ならない。この義務は一七八五年の著書で無条件的な命令を意味する「定言的命法」と名付けられ、その後一貫して道徳性の最高原理とみなされることになった。そして一七九七年の著書で改めて次のように表現される。「同時に普遍的法則として妥当しうる格率に従って行為しなさい」（MSR AB 26/AA 226）。これは、個人的な行為規則である格率を、誰もがそれを自らの行為規則とすることで、互いが相手を尊重しあうことになるような行為規則に一致させることを命じるものである。そして最終的に「同時に義務である目的」（MST A 13/AA 385）として提示されるのが「自己の完全性」（ibid.）と「他者の幸福」（ibid.）であり、この二つを追求することが私たちに課されたテーマとなる。「義務」や「完全」ないし「完全性」[8]は、一八世紀の自然法[9]や倫理学の脈絡で繰り返し主題化された概念であり、カントはこれらの概念を受容しつつ自らの道徳形而上学のうちに改めて位置づけることで、同時に義務である目的を定めるという独自の目的論を形成することになったと思われる。

これらカント哲学の中心的なコンテクスト以外に、どちらかというと彼の思索のうちにあって傍系にあたるのが「歴史哲学」である。『純粋理性批判』（1781）出版の後、道徳哲学に関する批判期の最初の著書『基礎づけ』（1785）刊行までの時期に『ベルリン月報』に掲載された論文『世界市民的見地からみた普遍史の理念』（1784）で、カントは人類全体の歴史を人類による人類自身のための啓蒙の歴史として洞察している。そこでは人類の歴史全体が一つの啓蒙のプロセスとみなされている。批判哲学の観点からすれば、歴史は実践哲学のうちにあって経験的領域への研究を成すものであり、その位置づけはあくまでも経験的領域への反省の一部に止まるといえる。したがってその学的対象としての意味もまた、経験に先立ち経験そのものの可能性の制約となる要素を主題化する形而上学のテーマとは異なり、体系全体のうちにあってより周辺的な位置づけをもつに止まるはずである。しかし、カントがそこで人類の歴史を真摯に考察し、未だ実現していない理想的な社会像を提示していることは間違いない。人類共同体にとってその実現が最も困難な課題とされる「完全に公正な市民的体制」（Idee A 395/AA 22）、すなわち、そこではどの構成員もが同等に自らのもつ潜在的な能力の開発や発展に従事することのできるような社会の実現を、カントは私たちの歴史的、政治的営みの最終目的とみなしている。このような反省の脈絡に私たちはカントの歴史観を読み取ることができ、カントが私たちの日常的な生の営みのうちに生じる様々な社会的問題についてもまた真摯に洞察していたことが分かる。

以上にみた目的論は、それぞれ異なる脈絡で主題化されており、別々のコンテクストのうちに展開されている。しかし、それらはまた同時に、批判哲学のうちにあってその中核をなす「自然の合目的性」という、大きな目的論のもつ諸側面とみなすこともできるだろう。「徳と幸福の一致」としての「最高善」（KpV A 241/AA 134）の追求、そしてカッシーラーが「一つの構成要素をなすにすぎない」と述べた歴史哲学（その中心となる理念は「完全に公正な市民的体制」を確立することである）もまた、自然の合目的性というイデーのうちに収斂すると考えることができる。目的論は様々なコンテクストのうちに、互いを補完するものとしてカントの思考のうちにあったわけである。

『カントの生涯と学説』でカッシーラーはまた次のようにも述べていた。「人類の精神的――歴史的発展は、自由の思想の進展、暫時先鋭化される自由の思想理解、そして前進する自由の思想の深化と合流する。ここに啓蒙哲学の最高目的がある」[10]。ここには人間の営みが歴史的に発展するという信念のもとに、人類史が人間のもつ自由という理念の進展と深化として解釈されている。人間の活動一般は、自由という理念を前提とするものであり、啓蒙の進展においてこの理念が現実のうちに展開され、社会をより完全なものへと導くというのが、ここに示された歴史理解である。この理解は、カントの歴史哲学、特に『世界市民的見地からみた普遍史の理念』（1784）で提示された基本的な考え方と一致するように思われる。以下では、この『普遍史の理念』をテクストとしてカントの歴史哲学について考察する。

第一節　『普遍史の理念』にみる自然の意図

人類を一個の全体としてみるとき、外見上錯綜したその個々バラバラな営みのうちに、何らかの目的があるのだろうか。また、もし目的があるとすると、それはどのようなものなのか――これがこの論文の答えようとする問いである。人類自身が、つまり最初の人々が何らかの目的をもって歴史を始めたわけではないので、もし意図というものがあったとすると、それは人間ではないもののうちにあったと考えねばならない。私（たち）は自らの意志で生まれてきたわけでは決してない。生まれたこと、存在していることに対しては、その根本的なところで受動的である。この点については「人類」についても同様である。もし意図というものがあるとすると、それは私（たち）以外のところにあるはずである。そして、この意図の主体をカントは「自然」であると仮定する。したがってここでは先の問いが、自然の意図とは何か、自然が人類に求めるものは何なのか、という問いへと変貌する。この問いに対してカントは、九つの命題をあげ、回答を試みている。以下、その命題を順次みていくことにしたい。

第一命題は、人間を含むあらゆる被造物に内在する素質への言及から始まる。「被造物のあらゆる自然的素質は、目的にかなった仕方でいつか完成されるよう、規定されている」（Idee A 388/AA 18）。ここで自然的素質ということで第一に考えられているのは動物や人間のもつ個々の身体「器官 Organ」（ibid.）である。カントによれば観察と解剖によって私たちはそのことを確認することができる。すべての器官はそれぞれ何らかの固有の目的をもって存在しているのであり、そのことを説明するのが「目的論的自然学」（ibid.）である。目はものを見るためにあり、耳は音を聞くために、脳は何かを考えるためにある。人間の身体や心を含む自然世界のあらゆる構成要素はそれぞれが何らかの意味と役割を担って存在している、という考え方がここでは目的論的自然学のもとに提示されている。もしこの規定がなければ、すべての器官は偶然の産物となり、それらにより構成されている主体もまた、偶然的存在とみなされることになる。そして自然世界の存在することもまた単なる偶然の生み出したものということになるだろう。そして、世界の存在することは単なる偶然であり、そのこと自体には意味はない、という考え方に近づくことになる。そのような考え方の対極に位置するのが、ここに提示された目的論的自然観である。

第二命題は、次のようなテーゼである。「（地上で唯一の理性的被造物である）人間のもとでは、理性の使用という諸々の自然的素質は、個人においてではなく、類のうちにおいてだけ、周到に発展するはずである。被造物における理性とは、自らのもつあらゆる力の使用についての規則と意図を、自然的本能をはるかに超え出て拡張するという能力であり、理性はまたこの拡張という試みにいかなる限界も見出さない」（Idee A 388f./AA 18）。感性的欲求や自然的本能といった身体の抵抗にあらがいつつ、理性をもった存在者としての人間には自ら自己の領域を拡張することが求められている。明確に求められているものが何であるのかはここではまだ定かでないが、それが心身の快適な状態といったことでないことは明らかである。またそれを追い求めるためには、「私」の力だけではどうにもならないとされる。すなわち、「自然が人間という種に与えた啓蒙の萌芽を、ある人が別の人へと啓蒙を継承することで自然の意図に完全に合致する段階に達するまで発展させるには、自然は人間を見通せないほど継続的に生産しなければならない」（Idee A 389/AA 19）。また、この目的に近づくためには「啓蒙」の断絶があってはならず、それが継承されねばならない。学校やそのほかの教育機関で学習するための機会すらもつことができず、自らの素質を伸ばすことのできない人々がどの時代にもいたに違いない。また現在もあらゆる社会にそのような人々が存在する。重要な課題の一つは、真正な教育の機会を、これを求めるすべての人に提供することであるだろう。この課題が「完全に公正な市民的組織」を求めているといえる。

第三命題は、次のような内容をもつ。「人間が、自らの動物的な現存在の機械的機構のすべてに関して自分自身から抜け出し、本能から独立に、自身の理性が調達した幸福や完全性以外のいかなるものにも関与しない、ということを自然は望んだ」（Idee A 389f./AA 19）。ここで自然が望んでいるのは、人間が感性的存在者としての自らの自然的本性から可能な限り独立し、心身の快適であることや感性的欲求の満足だけを求めるのではなく、理性のみがもたらすことのできるはずのものを求めることである。換言すれば、単に自己愛を満たす幸福ではなく他者の自由や目的意識と調和するものとしての幸福を求め、また自然的（身体的）存在者としての完全性だけではなく理性的存在者としての完全性——これは同じ時期に執筆されていた『基礎づけ』にみられる、人間性のうちにある「より大きな完全性を求める素質」（GMS

BA 69/AA 430）といわれる際の完全性——を求めることである。

同じ命題への説明箇所ではカントの人間観の一端が次のように披露されている。「自然は人間に、理性とこれに基づく意志の自由とを与えた〔…〕。人間は本能によって支配されてはならず〔…〕すべてを自己自身から生み出さねばならない。〔…〕生活を快適にするあらゆるよきもの、また人間の洞察と怜悧ですら、それどころか彼の意志の善さも、彼自身の生み出したものである」（Idee A 390/AA 19）。意志の善さが理性に基づくという、同時期に著された倫理学書『基礎づけ』の立場がここに確認できる。私たちのもつ意志を善き意志、「善意志」（GMS BA 1/AA 393）へと育てることを、カントは理性の担う最も重要な課題だとみなす[11]。意志の善さは生得的に与えられたものではなく、与えられた素質を自ら育てることではじめて生まれるものだと考えるわけである。

第二節　人間本性のもつ錯綜——非社交的社交性

人間本性のもつ多層性が最も生き生きと描かれているのが第四命題である。ここには私たちがふだん日常のうちで忘れているけれども、それを指摘されることで自己のうちにそれがあることを再認することになり、深く頷かざるをえないことになる指摘が幾つもみられる。「人間のあらゆる素質の発展を実現するために自然が用いる手段は、それが最後には社会の合法的秩序にとっての原因となる限り、社会における人間相互の対立関係 Antagonism である。ここで私の考える対立関係とは、人間のもつ非社交的社交性である、すなわち社会へと向かう人間の性癖である。この性癖は、絶えず社会を分裂させようと脅迫する持続的な抵抗と結びついてもいる。〔…〕この抵抗は、人間のあらゆる力を呼び覚まし、人間がもつ怠惰への性癖を克服させ、名誉欲、支配欲ないしは所有欲に突き動かされて、自らの同僚仲間のうちにあってある種の地位を得るよう、促すのである」（Idee A 392f./AA 20f.）。仮に森の奥深くでまったく一人で生きるとするならば、私たちは社会生活をおくるがゆえに被ることになる多くの苦痛から解放され、その限り現在よりも安らかな日々をおくることができるはずである。社会状態以前のあり方としての自然状態を仮定し、そこに憎しみや敵意や偽りの善意などのない理想郷を思い描くことには、確かに十分な理由がある。しかし、実際には例外なく誰もが生まれたその瞬間から終わりまで、特に最初と最後はかなりの程度、他者に頼りつつ生きねばならず、他者との関わりのないところで自身の思うままに生きることは、決して実現することのできないユートピアである。生きるということは人間関係のうちにあり続けることを意味し、自分と他者との比較、競争、敵対的関係を含んだ日常のうちに生活することを意味している。それを甘んじて受け容れつつ日々生活することだけが私たちに可能な現実である。自己の思いを抑圧する必要がなく、他者を意識する必要もないような「自然」へ帰ること、理想郷へと帰還することは、私たちには決して許されていない。

また「怠惰への性癖」を克服することとは、同時期に書かれた倫理学書によれば、自己自身に対する不完全義務である[12]。この義務の履行のためには、他者との対立ないし競争が求められる。または、少なくとも「他者」を意識することが必要であるだろう。「名誉欲」は下流志向の強い社会にあっては必ずしも一般的ではないかもしれない。しかし、積極的に名誉を得ることではなく、不名誉を回避することを含めて考えるならば、現代社会でも「幸福」の一つの尺度としての役割を維持すると思われる[13]。他者から侮蔑されることを我慢できる人は少なく、実際には誰もが苦痛を感じるに違いない。カントはまた社会のうちに生きざるをえない私たちの現実を、「自らの同僚仲間について、彼は我慢できないのではあるが、しかし彼らから離れることもできない」（Idee A 393/AA 21）とシニカルに描写する。社会内での分業化が進み、職業によるヒエラルキーが形成され、少しでも上にあるポジションを求めて人々が絶えず競争することを強いられる社会では、利益を得るための社交や外見上の善意などが自ずと生じてくるのであって、人々の心のあり方が腐敗するのだという社会観と共通する観点がここに描かれている。これはカントが影響を受けたとされる『エミール』

の著者[14]が繰り返し強調した社会観でもある。競争を強いるという社会のあり方が、元来素朴だった人々の心を腐敗させるという考え方である。一八世紀の思想家が描くこのような状況は、間違いなく私たちの社会のうちでも現在している。

ここでは、競争のうちに現れるこのような負の契機が互いを破壊しない限りにおいては、積極的な動因となって、長期的にみるならば社会の啓蒙が進展することになるとみなされ、他者の存在することで生じる競争意識や敵対的意識は、自分が怠惰に陥らないために不可欠な要素だとされている。ここにカントの基本的な人間観をみることもできるだろう。

第三節　人類の担う最大の課題

第五命題では、自然の意図する人類史の最終的な到達目標が示される。「自然が人類に解決を迫る最も大きな問題は、普遍的に法を管理する市民社会を実現することである。というのもこのような社会のうちにのみ最大の自由があり、その構成員の間に全般的な敵対関係が存在しはするのだが、この自由の限界をきわめて厳密に規定し保護することで、〔各個人の〕自由が他人の自由とともに成立しうるのである。——このような社会においてのみ、自然の最高の意図、すなわち、あらゆる自然的素質の発展は人類として達成されうる」（Idee A 394f./AA 22）。構成員相互の間に敵対的関係がありはするものの、法によって互いのもつ自由がその限界を厳密に規定されることで、個々の構成員の自由が相互に保証され、自らの求める生き方やあり方を追求することが誰にとっても可能となる社会が、理想的な人間共同体として、「普遍的に法を管理する市民社会 eine allgemein das Recht verwaltende bürgerliche Gesellschaft」という名称のもとに提示されている。適正な法が有効に機能することで、どのような両親のもとに生まれたか、どのような不利をもって生まれたかにかかわらず、またどのような性でありどのような性への傾向をもつのかにかかわらず、誰もが自らのもつ固有の能力を伸ばすことができ、自己の課題を遂行することのできるような社会、政治や経済状態によって妨げられることのない社会が、ここでは求められている。このような社会が成立するためには、構成員相互の間に信頼関係の成り立っていることが前提として求められるのではないだろうか。そして、このような信頼ということそのものが、私たちにとってはこれを実現することがかなり困難な課題である。この課題は、それぞれの「私」が他者を自らと同様に理性的な存在であると信じることができるかどうかという問いでもある。カントの思考に即して考えるならば、他者を信じる前提として、自分自身を信じることが求められる。自分自身を信じるとは、理性、善性、誠実さを自分が事実もっていると信じることである。この点について反省することから明らかになるのは、自分のうちに善性や誠実さといったことを確信することは、決して容易ではないということである。何ら躊躇することなしに、このような属性を自らのうちに確信することができるだろうか。そして、自己自身のうちなる理性を信じられず、自己の善性、誠実さを信じることができなければ、他者のうちにそれらのあることを信じることは、難しいに違いない。自己を信じることが既に容易ではないとすると、他者を信じることが困難であることは決して不思議ではない。自己のうちなる理性、善性、誠実さを信じることができるのかどうか、またどの程度それができるのか、という問いに真摯に向き合うことから改めて始めなければならないように思われる。

第六命題では、先の命題にまつわる課題の重要性が再び強調される。「このような問題は、最も困難であると同時に、また人類によって最後に解決される問題でもある」（Idee A 396/AA 23）。ここには新たな命題にあたるものはみられない。「このような問題」とは、第五命題で提示された「普遍的に法を管理する市民社会」を、公正な市民体制を生み出すことである。そして、この問題が人類にとって最終的な課題であることが、またその困難であることが、別の事例から説明されているに止まる。ここで新たに用いられた事例によれば、どのような人が支配者となるにせよ、その人が人間である限り、自らに与えられた権限を濫用し、私利をむさぼることになり、求められた公正な市民体制は築くことができない。歴史を振り返る限り、人間本性についてのこのような解釈は至当である。したがってここでの課題は、人間は人間本性を乗り越えることができるのか否か、ということになる。人間本性すなわち人間に生来備わっている性癖、例えば自分に敵対的な他者を攻撃しようとすることや、困窮する他者を支援しようとするのではなく無視することや、常に自己の利益を最優先するといった性癖を乗り越えることができるのかどうか――これが私たちに与えられた真正の、そして解決することの最も困難な問題である。歴史哲学の根底に倫理学の課題が横たわっているわけである。

第四節　完全な市民的組織[15]と国家連合

第七命題では、公正な市民体制を形成するうえで必要となる具体的な前提について論じられる。「完全な市民的組織 vollkommene bürgerliche Verfassung を設立するという問題は、合法的な外的諸国家間の関係という問題に依存するので、後者の問題が解決しなければ解決されえない」（Idee A 398/AA 24）。法の支配する完全に公正な市民的組織が成立し、それが持続可能であることの前提に、その組織が外的な勢力から攻撃されたり圧力をかけられたりすることのないことが必要である。たとえ一時的にそのような組織が生まれたとしても、それが何らかの国際的な拘束力をもつ法によって保護されるのでなければ、長く続くことはできないだろう。[16]この脈絡でカントは、国家間の争いを調停し、諸国家間の合法的関係を創設する超国家的な機関、「大規模な国家連合 Foedus Amphictyonum」（A 399/AA 24）が必要であることを説く。これは古代ギリシャの都市国家が相互に締結した隣邦同盟をモデルとする国家間の連合であり、その後、第一次世界大戦後に設立された「国際連盟」や、第二次世界大戦後につくられ現在に至っている「国際連合」に通じる、複数の国家からなる共同体の理念である。このような国家の連合体である本来の「国際連合」はしかし、もちろん未だに様々な意味で理念であり続けており、それが強力な実効性をもつ組織になるにはまだ時間がかかるに違いない。これもまた人類に与えられた大きな課題に他ならない。

カントはまたここで、技術や芸術そして学問によって私たちは高い程度まで「文化化 kultiviert」していると述べたうえで、しかし道徳化しているかと問うならば、否と答えざるをえないとする。道徳性は、実践理性の反省の脈絡で最後の到達点に数えられた「徳」に関わり、目的論的世界観においていちばん最後のところに位置する。道徳性は、先ずは個人的な課題である。しかし、個人の集合体である社会、そして国家についてもまた、利己的でなくそれぞれの自由が互いに抵触することなく共存すること、したがって、そこに自らのもつ行為規則の普遍化可能性が求められる。国家間にもまた、相互の利害調整ということに止まらず、相手のうちに自己目的性を認め、その安定と発展を侵害しないことが必要である。個人の間でそれぞれが他者を単なる手段として扱うことが禁じられるのと同様、国家間においてもまた他の国を単なる手段として扱うことは禁止され、常に同時にその国家自身が自己目的的存在として尊重されること、また互恵的であることが求められるはずである。支配と被支配といった負の歴史をもつ国家間にあって、特に支配を受けた側から求められているのは、利害の調整だけではなく、自らが固有の目的をもって独立する主体として尊重されることであり、共通の過去を忘却しようとするのではなく、傷つけられた名誉を回復することであるに違いない。

第八命題では、改めて国家間の秩序維持のための課題が論じられる。「人類の歴史は全体としてみるならば、自然の隠された計画の遂行過程とみなすことができる。その計画とは、〔国〕内的に完全であるだけでなく、さらにこの目的のために、対外的にも完全であるような国家組織を成立させるということである。このような組織こそが、そこで自然が人類のうちなるすべての素質を完全に発展させうる唯一の状態だからである」（Idee A 403/AA 27）。この命題は第七命題からの「帰結」だとされる。完全な国家組織とは、そのもとですべての構成員が不足なく自らの自然的素質を伸ばすことのできるような場所であり、私たちの社会がそこへと向かいつつ絶えず改善されるべき目的地である。そして、これを実現する前提として、各国間の利害の対立を調停するための機関が必要となる。求められた組織、すなわち「そこで人類種に内在するすべての根源的素質が展開されるところの母胎」となる国家組織の形成へと至るプロセスの全体が、ここではまた「啓蒙」という言葉で表現され、国家は既に「未来の戦争」のために予算の大半を計上してしまっているけれども、この本来の目的のためには構成員の一人一人が自己愛と利己主義から抜け出し、自らの自由がすべての他者の自由に抵触しない限界内で、自分の能力の可能性を展開することが必要である旨が説かれている。ここで指摘されたことは、現代社会にもそのまま当てはまるだろう。

第五節　完全な市民連合という最終課題

最後に纏めの第九命題が置かれる。「人類のうちに完全な市民的連合をつくるという自然の計画に従って、普遍的世界史を論じるという哲学的試みは、可能であり、またこの自然の意図を促進するものとみなされねばならない」（Idee A 407/AA 29）。ここに示された「完全な市民的連合 die vollkommene bürgerliche Vereinigung」こそが、絶えざる争いを通過し、改革や変革を経て、最終的に達成されるべき人類史の目的である。それは後年『永遠平和のために』（1795）で提示される、絶えず諸民族を包摂しつつ拡大することで最終的にすべての民族を自らのもとに包摂することになるべき「諸民族合一国家 civitas gentium」（Fried BA 37/AA 357）に対応する組織であるだろう。個人が自らの生命や財産を安全に確保するために自然状態を捨てて社会状態へ入ることで、法の支配のもとに争いが調停され、自己の生命や財産を確保することになるのと同様、諸国家もまた自らの存続と安全のために国家間に定められた国際法の秩序の中に入ること、国際的な連合体制のうちに入ることが、そこでは求められている。ここにみられるのもまた、人類史のプロセスを全体として見渡す観点から下された課題としてのテーゼである。それが近未来において実現するとはもちろん考えていない、純粋な理論家の提示するテーゼである。著者カントの意図は、急進的に社会を変革することではなく、「自然の意図を促進する」ことであるに止まる。

『人類史』に述べられていることは、歴史の専門家の視点からではなく「哲学的頭脳」の視点からみた歴史についての「一つの着想」（Idee A 410/AA 30）であり、人類の営みの全体を観望する物語である。ここに描かれた世界史像は、なぜ世界が存在するのか、なぜ私たちはこの世界のうちに生まれ、どのような心持で生きていくことが求められているのか、という問いに対する一つの回答となっている。この世界が存在することには何ら十分な理由はなく、まったくの偶然によって存在しているにすぎない、という解釈がある。また、私たちの生きること、存在することには本来まったく意味や目的などないと考えることもできる。自分のもつ意味や目的はどれも恣意的であり、仮のものであって、時間が経てば自ずと消えてしまうようにも思われる。それにもかかわらず、誰もがもつ目的というようなものが、本当にあるのだろうか。

この小論には、「自然の意図」という仮定のもとに様々なことが示唆されている。例えば連綿と続く歴史のうちにある各個体に、それぞれ確かな役割が割り振られているということが、ここでは示唆されている。また、私たちの日々の営みには、自らのうちに与えられた啓蒙の萌芽を大切に育てていくという課題があり、それを自分のうちで育てるとともに、次の世代に継承していくことが使命であり、またそのような継承の積み重ねによって啓蒙の理念は育っていくことになり、人類は少しずつ前進していくことになるだろう、ということが「自然の意図」として語られている。このような考え方は、すべてオプティミズムだという解釈ももちろん可能である。むしろそのように歴史を、そして現代史を解釈することのほうが、常識に適っているといえるのかもしれない。そういったことをすべて認めたうえで、それでも現在する私たちの世界に何がしか希望的な未来像を描くには、ここに示された近代の啓蒙論ともう一度真摯に向き合うことが求められるように思われる。

後注

1 Ernst Cassirer, *Die Philosophie der deutschen Aufklärung*, Tübingen 1932; Text u. Anmerkungen bearb. von Claus Rosenkranz〔…〕, Hamburg 2007, S. XII.

2 Cassirer, ibid.

3 Cassirer, ibid., S. 4.

4 二〇世紀の三〇年代にユダヤ人としてナチス・ドイツの台頭を直に体験したマックス・ホルクハイマーとテオドール・W・アドルノは、人類を無秩序な野蛮状態から解放し、理性的秩序のうちにもたらすはずの啓蒙思想そのものが、自らのうちに既に野蛮への退行の萌芽を含んでいるのだと主張する。「この啓蒙的思考という概念は、具体的な歴史的諸形態や、それらが組み込まれている社会の諸制度としてだけでなく、まさにその概念自身のうちに、今日至るところで生起しているかの退行への萌芽を既に含んでいる」（Max Horkheimer, Theodor Wiesengrund Adorno, *Dialektik der Aufklärung. Philosophische Fragmente*, New York 1944; Frankfurt a.M. 2002, S. 3）。また次のようにも述べられている。「これまで、進歩の思想という最も広い意味での啓蒙が追い求めてきた目標は、人間から恐怖を取り除き、人間を支配者の地位につけるということだった。けれどもすっかり啓蒙されたこの世界は、大勝利した災厄に満ちている」（ibid., S. 9）。なお、カッシーラーもまたユダヤ人であったがゆえに亡命を余儀なくされている。『啓蒙主義の哲学』の刊行はヒトラー率いるナチス党が政権をとる前年だった。もしこの書の刊行が遅れていたら、その内容が変わっていたかもしれない。

5 Ernst Cassirer, *Kants Leben und Lehre*, Berlin 1923, S. 237-243, Neudruck in : *Immanuel Kant, Was ist Aufklärung? Ausgewählte kleine Schriften*, hrsg. von Horst D. Brandt, Hamburg 1999, S. IX – XV, insbes. S. XIII.

6 「叡知界」は『視霊者の夢』（1766）で魂など非物質的なものから成る世界として「非物質的世界 immateriale Welt（叡知的世界 mundus intelligibilis）」（Träume A 30f./AA 329）と名付けられていた。これと対を成すのが、私たちの身体を含む延長するものから成る物質的世界である。またこのペア概念は一七七〇年の就職論文のタイトル『感性界と叡知界の形式と原理 *De mundi sensibilis atque intelligibilis forma et principiis*』のうちにもみられる。感性界とは、感性によって認識されるものの総体としての世界であり、叡知界とは「悟性能力によって認識されうるものしか含まないもの」（De mundi § 3, A 7/AA 392）から成る世界である。その後『純粋理性批判』では、この二つの世界が感性界と道徳的世界とみなされていた。「叡知的世界 intelligibele〔Welt〕すなわち道徳的世界 moralische Welt」（KrV B 843/A 815）。

7 両者について『基礎づけ』では次のように説明されている。「目的論は自然を諸目的の国として考察し、道徳〔論〕は可能的な諸目的の国を一つの自然の国として考察する。目的論では、諸目的の国はそこに現にあるところのものを説明するための一つの理論的な理念である。道徳〔論〕では、諸目的の国は存在してはいないが、しかし私たちの行いによって現実化しうるものを成就するための、しかもまさにこの理念に即して成就するための、一つの実践的な理念である」（GMS BA 80/AA 436）。目的論はここで、主に有機体の観察に基づいて、それ自身原因でありかつ結果でもある有機体の総体である自然のうちに目的を認める、つまり自然のうちに「諸目的の国」を読み込む考え方である。これに対して道徳論は、未だ存在していない可能的な国として、人間の努力によって到達すべき共同体として「諸目的の国」を考えている。なおテクストによれば「国」とは、「多様な理性的存在が共通の諸法則によって体系的に結合」（GMS BA 74/AA 433）するところである。

8　ヴォルフは「自然の法則 Gesetz der Natur」という名称のもとに自らの倫理的命題を「完全 vollkommen」という言葉を用いて次のように表現している。「きみときみの状態を、より完全にすることを行い、きみときみの状態をより不完全にすることを控えなさい」（Christian Wolff, *Vernünfftige Gedancken von der Menschen Thun und Lassen, zu Beförderung ihrer Glückseeligkeit [Deutsche Ethik]* Frankfurt u. Leipzig ^{4}1733 (^{1}1720), §19, S. 16; WW I. 4.）。自然法学者G・アッヘンヴァルとJ・S・ピュッターは次のように述べている。「あらゆる自由な行為の第一の自然法則は、きみ自らを完全にしなさい、である」（Gottfried Achenwall, Johann Stephan Pütter, *Elementa Iuris Naturae*, Göttingen 1750, hrsg. u. übers. von Jan Schröder, Frankfurt u. Leipzig 1995, § 110, S. 46）。「『他者を考慮しつつあなたの完全性を増大しなさい』は、道徳法則であり続ける。私の完全性は、もし他者が私の完全になることを支援するならば、他者への配慮によって増大する。そこから法則が導き出される。『他者がきみを完全にするよう配慮しなさい』」（Achenwall u.a. ibid., § 191, S. 64）。また次のようにも述べられている。「道徳法則に適合する行為は、義務と名付けられる」（Achenwall u.a. ibid., § 197, S. 64）。バウムガルテンは「完全な目的」と「完全な手段」という表現を用いて完全性について次のように記している。「それによってきみがより完全な目的ないしより完全な手段となるようなきみの完全性を、可能な限り求めなさい。目的としてであれ手段としてであれ、また両方の観点からであれ、きみをより不完全にすることを、可能な限り控えなさい」（Alexander Gottlieb Baumgarten, *Initia philosophiae practicae primae*, Halle 1760, wiederabgedruckt in: Kant, Akademie Ausgabe, XIX 7-91; A.G. Baumgarten, *Anfangsgründe der praktischen Metaphysik. [Initia philosophiae practicae primae]*. Übersetzt und herausgegeben von Alexander Aichele, Lateinisch-Deutsch, Hamburg, 2019, § 43）。

9　例えばアッヘンヴァルとピュッターは次のように述べている。「自然法の目的はしたがって次の点にある、すなわち誰もがよく維持され、他者による侵害によって傷つくことなく存続することである。自然法は、維持ということを超えて何かを求めることはない。この維持はしかし幸福ということからはかけ離れており、幸福は法・権利一般ということからはまったく無視される」（Achenwall u.a. ibid., § 229, S. 78f.）。

10 Ernst Cassirer, *Kants Leben und Lehre*, in: Horst D. Brandt hrsg., *Immanuel Kant, Was ist Aufklärung? Ausgewählte kleine Schriften*, Hamburg 1999, Einleitung, S. XIV.

11 この点については次のように述べられている。「理性の真の使命は、何か別の意図のうちにあって手段としてではなく、それ自身で善である意志を生み出すことであるはずであり、まさにそのために理性が必要とされたのだった」（GMS BA 7/AA 396）。「理性は自らの最高の実践的使命が、何らかの善なる意志の根拠づけであると認めている」（ibid.）。

12 『基礎づけ』（1785）で義務の普遍的な定言的命法を説明する脈絡でカントは、自らに与えられた能力を開発することを「自己自身に対する不完全義務」とみなしている。以下を参照。GMS BA 52-55/AA 421-423.

13 例えば劇作家シラーの描く人間観がここで想起される。「三十年戦争」を題材にした『ヴァレンシュタイン』の登場人物ブットラー将軍は次のように述べていた。「中将、私にも名誉欲があります。侮蔑されることには決っして我慢できませんでした。軍隊において生まれと肩書が功績より以上に重んじられることが、私にとって苦痛でした」（Friedrich Schiller, *Wallenstein. Ein dramatisches Gedicht*, in: *Friedrich Schiller. Werke in drei Bänden*, hrsg. von Herbert G. Göpfert, Darmstadt 1984, Bd. III, S. 157.

14 以下を参照。「一つ所に集まれば集まるほど、いよいよ人間は堕落する。弱い体も悪い心も、あまりにも多くの人が一つ所に集まることによって生じる避けがたい結果だ。人間はあらゆる動物の中で、群れをなして生活するのにいちばんふさわしくない動物だ。〔…〕都市は人類の堕落の淵だ。数世代ののちにはそこに住む種族は滅びさるか、頽廃する」（Jean-Jacques Rousseau, *Emile or On Education*; Introduction, Translation and Notes by Allan Bloom, Penguin Books, London, New York 1991, p. 59; ルソー『エミール』今野一雄訳 岩波文庫（上）一九八七年六六頁）。「偏見、権威、必然、実例、私たちを押さえつけているいっさいの社会制度がその人の自然をしめ殺し、そのかわりに、何にももたらさないことになるだろう」（ibid. p. 37; 同書一二三頁）。また以下も参照。「不平等は、自然状態のうちにはほとんど存在していないのであるから、私たちの能力の発達と人間精神の進展とから、その力を得たのであり、また大きくなったのである。そして最後に、所有権と法の制定によって、確固としたものとなり正当なものとなった」（J.-J. Rousseau, *A Discourse on Inequality*; translated with an Introduction and Notes by Maurice Cranston, Penguin Books, London, New York 1984, p. 137; ルソー『人間不平等起源論』本田喜代治、平岡昇訳 岩波文庫、二〇〇一年、一三〇頁）。ルソーのカントへの影響については以下を参照。カントは「ルソーの『エミール』に影響を受けた〔…〕。ルソーは、カントが形成しはじめた性格に影響を与えた。ルソーがカントを『正し』た」（マンフレッド・キューン『カント伝』菅沢龍文、中澤武、山根雄一郎訳、春風社、二〇一七年、二六八頁）。

15 「完全な市民的組織 eine vollkommene bürgerliche Verfassung」は『人類史の憶測的起源』（1786）でも言及され、「文化の究極的な目的」とみなされている。以下を参照。Kant, *Mutmasslicher Anfang der Menschengeschichte*, in: *Berlinische Monatsschrift*, Januar 1786; A 16 Anm./

AA 117 Anm. また同論文には「人類の使命〔…〕、それは完全性へ向けて前進すること以外の何ものでもない」（ibid., A 13/AA 115）という記述もある。

16　例えば、ここで「パリ・コミューン」が想起されるかもしれない。普仏戦争でフランスが敗北した後、パリで蜂起が起こり社会主義者や民衆がプロイセンとの屈辱的な講和条約に反対し、一八七一年三月に革命的自治政府（パリ・コミューン）を樹立した。これは労働者階級を主体とする民衆の革命政権であり、階級制を廃棄し平等の原理に基づく社会を構築しようとするものであったと考えられる。しかし敗戦後新たに組織された臨時政府は武力でこのコミューンを倒したとされる。以下を参照。木村靖二、佐藤次高、岸本美緒他著『詳説世界史』山川出版社、二〇一五年、二六六頁。

第七章　ドイツ啓蒙のプログラム理念

はじめに

ヴェルナー・シュナイダースによれば、一八世紀のヨーロッパやアメリカを特徴づける「啓蒙」[1]は、もともとは、合理的・理性的に思考することを意味し、無知や無分別をなくすことを企図するものだった。そこには感情的、情動的にではなく、理に即してということが含意されるだろう。そしてその後、広い意味での人間の解放をも意味するようになる。「啓蒙 Aufklärung という表現はもともと「悟性の啓蒙」として、合理的な思考を意味している。それは諸概念を明らかにし、無知や無分別状態などをなくすことへと私たちを導くものだとされている（合理主義的な啓蒙概念）。しかし、のちに「啓蒙」という表現はまた、解放を目指す活動をも意味し、それは、例えば、「自ら責任のある未成年状態から抜け出すこと」として、あらゆる種類の足枷からの解放へと導くとされる活動である（解放を目指す啓蒙概念）」[2]。一八世紀の啓蒙は、悟性や知性の改善[3]を目的とするだけでなく、個人がとらわれている様々な拘束から独立することをも目指していたと考えるわけである。シュナイダースはこの時代のドイツでの啓蒙の特徴として、大学が啓蒙の進捗を担う場所だったこと、広い意味での文学作品のうちに自己の文化や宗教を相対化する視点が提示されていること、啓蒙と革命は異なる活動であるという視点のあったことをあげている。一七世紀末ライプツィヒ大学で、慣例であるラテン語に代えて母語であるドイツ語を導入しようとしたのは自然法など法学を専門とするクリスティアン・トマージウスだった。そして、この大学へのドイツ語の導入ということがドイツでの啓蒙のはじまりだというのがシュナイダースの見立てである。[4] これは啓蒙への反省の脈絡で主要理念としてしばしば言及される。「自ら考える Selbstdenken」ということにつながるだろう。思考において外国語を用いるのか、それとも自らが日常でも用いる母語を用いるのか、ということについて反省するならば、外国語での思考が様々な意味で有用であり、自らが思考することそのものにとって最上の訓練になることを認めたうえで、最終的には、自らの観点を可能な限り正確に表現するためには恐らく母語を用いることがより適切だといえる。自ら考えること、母語で考えることは、「悟性の啓蒙」にとっても、様々な拘束からの「解放」にとっても、第一に必要となる契機であるだろう。トマージウスに続く世代のクリスティアン・ヴォルフは論理学、形而上学そして倫理学等のテクストをドイツ語で書くことで、学術語の確立と普及に貢献している。「概念 Begriff/notio, idea」「構想力 Einbildungskraft/imaginatio」「感覚 Empfindung/perceptio, sensatio」「表象 Vorstellung/idea」など、哲学の多数の概念がラテン語からの借用語ではなく、もともとあったドイツ語からつくられている。この点、英語やフランス語と少し異なるといえる。そしてこういったターミノロジーがヴォルフのドイツ語著作を通じて一八世紀のドイツ語圏で普及したと考えられる。[5] このようなドイツ語固有の用語をもとにこれを学術語として用いるという素地のあったことが、その後のドイツでの哲学の展開にとってその基盤となったと考えることができるだろう。

啓蒙期のドイツ文学で、文化や宗教を超えた人間性への信頼を語ったのがG・E・レッシングだった。晩年の劇詩『賢者ナータン』には、ユダヤ教、キリスト教、イスラム教という三つの一神教について、自ら帰属する宗教から他の二つの宗教を批判するという態度をとるのではなく、そのうちのどれもが等しく真理性をもちうることを認めたうえで、それぞれが営む活動のうちに、歴史の進展のうちに、最終的に人々が判断を下すことになるという観点がみられる。[6]

誰もが共通にもつものとしての人間性への信頼、自己の相対化、寛容といったことがそこには描かれている。シュナイダースは『啓蒙の時代』でこのレッシングに特に多くの頁を割いていた。[7]

また啓蒙と革命について、カントは両者がまったく異なるものであると考える。「革命によってもしかすると個人的な専制政治や、貪欲ないしは支配欲にかられた圧政は、廃棄できるかもしれないが、しかし考え方の真の改革は、決して達成できない。古い先入観〔がそうだったのと〕と同様、新しい先入観が、自ら考えることのない大衆を引き回す紐の役を果たすだろう」（Aufkl A 484/AA 36）。カントによれば、「考え方の真の革命」こそが私たちに求められているものであり、これを達成するためには「革命」ではなく長い時間を要する「啓蒙」が必要となる。革命の後にやってくるのは新しい為政者であり、新しい「先入観」である。そしてこれが旧態依然として、「自分で考えることのない」人々を引き回すことになる、と考えるわけだ。

以上のスケッチからだけでも「未成年」と「成年」、「自分で考える」「先入観」批判など、ドイツ「啓蒙」を特徴づける複数の理念を読み取ることができる。以下では、ノルベルト・ヒンスケがこの時代特に重要視されたと考える啓蒙の「プログラム（綱領）理念」を考察する。[8]

第一節　ドイツ啓蒙のプログラム理念――「未成年」から「成年」へ

ヒンスケによれば、プログラム理念とは、個人や社会が目指すもの、活動の目的とするものを示す理念である。ドイツ啓蒙のもつプログラム理念としてヒンスケは「啓蒙（と未開・野蛮）」「成年と未成年」「完全性と不完全性」という三つのペア概念をあげている。ここで個人や社会が目指すものとは、「啓蒙」「成年」「完全性」である。最初のペア概念である「啓蒙」と「未開」ないし「野蛮」は、これを文字通りにとれば人類史の全体に当てはまるような広範なプログラムであるといえる。人類はそのはじまりから常に未開状態から開化状態を、野蛮から文明を求めていただろう。また、そのための態度として、何事についても自らの力で考え、理解し、問題を解決するということが求められていたと考えられる。その典型的な事例として、世界は私たちの理解を超える力によって創造されたという「神」話から、万物は私たちが手を触れることのできる物質である「水」からできている、[9]という理論への一歩をあげることができる。後者の考え方のうちには、真理の基準を自らの外に、例えば伝統や権威のうちに求めるのではなく、自らの思考のうちに探すという心的態度が認められる。これは、自分以外の何かに頼るのではなく、また他者の考えに追従するのでもなく、自ら考えるという態度である。

カントのもとにみられる「成年」と「未成年」というペア概念には、自ら考えるということについての洞察が読み取れる。『ベルリン月報』[10]に掲載されたカントの有名な論稿「啓蒙とは何か」は次の文で始まっている。

> 啓蒙とは、人が自分に責任のある未成年状態から抜け出すことである。未成年状態とは、他人の指導なしに自分の悟性を使用する能力がないことである。この未成年状態が自分に責任があるのは、そのことの原因が悟性の欠如にではなく、自分の悟性を他者の指導なしに使用する決断と勇気の欠如にある場合である。かくして、あえて賢くあれ！　すなわち、きみ自身の悟性を使用する勇気をもて！　これが啓蒙の標語である（Aufkl A 488/AA 38f.）。

ここでは、「啓蒙」が「未成年状態」から抜け出すことであるとされる。未成年状態とは、自分の悟性を、自分だけでは使用することができず、自分以外の誰かの指導を必要とする状態を意味する。カントのテクストが述べる「成年」は、「知能・身体が生育発達し、一人前の人として認められる年齢。また、単独で法律行為を成しうる年齢」[11]といった定義にみられる「成年」を意味するのではない。成年と未成年は、単に年齢による区別ではない。カントの用いる例によれば、自分が帰属する教会の宣教師の講話を批判することなく、そのまま真理として受け容れるような人が未成年である。これを現代社会に移して考えるならば、メディアに現れる社会の主流派や多数派の意見や価値観をそのまま自らのものとするような人々が未成年にあたるといえるだろう。したがって未成年は、年齢に関わりなく、家庭や社会のもつ価値観や学校で習った考え方など、自分にとって外的な基準を無意識の次元で受容している人がこれにあたる。換言すれば、未成年とは社会のもつ価値観に意識的にも無意識的にも従い、これを反省したり批判したりすることがなく、これをそのまま受け容れるような人である。カント自身は大多数の人々が生涯を通じて未成年状態に止まると考えていたようである。[12]

第二節　理性の私的使用と公的使用

ここで、カントがこの論稿で主題化する理性の「私的使用」と「公的使用」に即して、未成年と成年の差異について考えてみたい。理性の私的使用とは、当事者が社会内の何らかの組織に帰属するがゆえに制限されることになる理性の使用であり、それが制限されたとしても社会全体の「啓蒙」の進捗には特に支障がないとされる。カント自身の用いる例によれば、聖職者は自らの勤務する教会の信条書に即して説教しなければならず、これと異なることを講義したり説教したりすることは許されていない。それは彼がその教会の採る立場を認めたうえで、これと契約を結んでいるはずであり、その信条書と異なることや矛盾することを説教壇で話すことは、契約違反となるからである。このように聖職者は自らの説教の内容について制限を受けている。このような制限のもとで自らの考えを述べることをカントは理性の「私的使用」とみなす。「それゆえ教会に勤務する牧師が、その信徒たちの集まりを前にして自らの理性を用いるのは、単に理性の私的使用である。なぜなら信徒の集まりは、それが多人数の集まりであったとしても、内輪の集まりにすぎないからである」(Aufkl A 487/AA 38)。教会は、たとえそれが多人数の信徒をもっていたとしても、「内輪〔身内・家族〕häuslich」の集まりにすぎないというのが、ここでの理解の前提である。内輪の集まりで語ること、講演することについてはその共同体の信条書に従うことが求められていい、というのがここでのカントの理解である。これに対して、もしその聖職者がその信条書に欠陥や、自分が了解できないことのある場合には、特定の教会と契約している限りでの牧師としてではなく、一人の私人として、その教会や教区を超えて一般の人々に対して、「著作物を通じて」(Aufkl A 487/AA 38)自分の見解を語ることが許されるし、また語るべきであり、これに対してはいかなる制限もあってはならない、と述べている。そして後者のような事例が理性の「公的使用」(Aufkl A 487/AA 38)である。纏めるならば、理性の私的使用とは、ある人がある組織と雇用契約を結んでいることを前提として、その組織を代表し、その組織のために語るというコンテクストのうちで語ることである。これに対して理性の公的使用とは、このコンテクストを離れ、どの団体や集団にも帰属しないという立場から、一人の人間として「世界に対して」(Aufkl A 487/AA 38)語るときの理性の使用を意味する。理性の公的使用には、テクストには明確に記されていない多くのことが前提されている。例えば、その当事者が、自ら主題化するテーマに関して、時間と手間をかけて十分に吟味し熟考していることである。理性の公的使用が許されるのは、社会の中にあってかなり限られた人であることが予想できる。すなわち、テーマとなる分野に関して一定以上の見識のある人であり、自分の見解を十分説得的に述べることのできる人である。このような人にだけ、カントは理性の公的使用を認めている。そして、そういった前提を満たさない人々には理性の公的使用は認めないはずである。「成年」「未成年」というペア概念に即してこの点についてみるならば、理性の公的使用が許されるのは「成年」だけであり、自分の悟性を使うことのできない人には決して許されないだろう。

何らかのテーマについて一個人として自分の意見を、SNS等のメディアを通して不特定多数の人々に対して語ることは、形式としてはここで述べられている「理性の公的使用」に似ている。どちらも一人の人間として多数の人々に対して語っている点、共通している。では、両者はまったく同じ行為なのだろうか。「理性の公的使用」は、当該テーマについて時間をかけて考え、複数の資料にあたることでテーマについて吟味したうえで語ることが求められていると思われる。というのも、この使用は「学習している者・学者 Gelehrter」(Aufkl A 485/AA 37) にだけ認められていた行為だからである。カントの論稿では「自分の悟性を使用する能力」が最初に求められており、この「能力」には、自分がただ何となく感じていること(これも時には大切であるに違いないのではあるが)や、単なる思いつきを語るということではなく、複数の資料や事実認識に基づいたうえでこれを自らの視点からまとめたうえで語る、といったことが想定されている。換言すれば、当該テーマに関する判断の基準を自ら獲得したひと――恐らくこういったひとをカントは「学習している者」と考えている――にだけ理性の公的使用が許されている。

では、どのような人がここで理性の公的使用を許される「成年」として想定されているのだろうか。テクストでは、信徒の集会で説教する牧師、人々を教え指導する役割を担う聖職者に、「成年」であることが期待されている。「というのも、民衆の後見人たちが(宗教上の事柄について)彼自身また未成年であるというのは、不条理であるからだ」(Aufkl A 487f/AA 38)。説教壇に立つものは、「未成年」であってはならず、自らの悟性を使うことのできる「成年」でなければならない、というのがここでの主旨である。「民衆の後見人たち Vormünder des Volks」とは、他人の指導なしに自分の悟性を使用することのできない人々を指導する人々である。そして「成年」に求められているのは、「未成年」を「成年」へと導くこと、自らの悟性を使用できるように育てることであるだろう。カントのテクストには、自らの信条書にあたるものに対する批判を嫌う教会の事例が引かれており、社会のうちにあって伝統的な集団である教会と、自らの悟性を用いて慣習や制度を批判することを求める「啓蒙」との軋轢が描かれている。[13] 二〇世紀後半に著され多数の読者を獲得した『神学辞典』に次のようなコメントがみられる。

ディドロ、ヴォルテール、ヴィーラント、レッシング、シャフツベリ、ヒュームのもとでの啓蒙のはじまりにおいてと同様、啓蒙の問題設定（弁神論、歴史過程の理性的再構成、伝統への批判、国家と教会という支配的権威への批判）において、また啓蒙の目的設定（自然状態から政治的――法律的状態への移行、百科全書的教養と道徳教育、より拡張された自由、寛容、成年へと向かう社会の進歩）において、啓蒙はキリスト教のもつ根本的な価値に対して批判的である。また後にカントによって与えられた、自分に責任のある未成年状態から抜け出ること、という定義、またそこから帰結する理性の公的使用という要請は、はじめからキリスト教批判とみなすことができる。というのもキリスト教は、未成年状態を求め、またそれへの批判に敵対することを求め利用する支配的権威に属するからである。[14]

キリスト教を伝統的権威、国家と結びついた支配的権威とみなすならば、それは自らの悟性で思考し、既成の権威を受容する態度を改め、これを批判することを求める「啓蒙」とは真っ向から対立することになる。カント自身、青年期以降は教会と距離をとっていたようである。しかし、その実践哲学をみる限り、意志の自由を基盤としつつ「徳」と「幸福」の一致を最終目的とする体系の構築にあたり、すべてを洞察する裁判官としての「神」の理念が、魂の「不死性」とともに、決定的な役割を担っている。[15] 未成年状態から抜け出した「成年」が、自らその先に求めるのは何であるのか。この問いに答えるのは「啓蒙」ではなく、啓蒙を出発点とし、そこから進展することになる実践哲学の領域ということのようである。「啓蒙」は（実践）哲学の出発点のあたりに位置するように思われる。

第三節　「自分で考える」ということ

カントの論文の冒頭で、未成年状態から抜け出し、成年となるための条件とされたのは、自分の悟性を使うこと、他人の指導なしに自分の悟性を使用する勇気をもつことだった。これは言い方を換えれば、他人に考えてもらうのではなく、自分で考えるということである。では、自分で考えるということで、何が意味されているのか。自分で考えているつもりでいるけれども、実際には自分で考えていないということがあるだろう。これと事実自分で考えていることは、どう違うのか。

「自分で考える」ということについて、カントは『思考の方向を定めるとはどういうことか』（1786）で次のように述べている。「自分で考えるということは、真理の最上の試金石を自らのうちに（すなわち、自分自身の理性のうちに）探すということである。そして常に自分で考えるという格率が、啓蒙である」（AA 146 Anm.）。ここで「自分で考える」ことの主旨は、他者の提示するテーゼのうちに真理を探し求めるのではなく、自らの理性のうちに真理の基準を探すことである。同様のことが、次のメモ書き遺稿にもみられる。「啓蒙されているとは、自分で考えるということであり、真理の最上の試金石を自らのうちに探すということ、すなわち諸原則のうちに探すということである」（Refl. 6204, XVIII 488）。ここでは自己のうちに真理の「試金石」を、すなわち真理の基準を自らのうちに探すことが、自分で考えることのために、その前提として求められている。自らのうちに真理の基準となる諸原則を見出すならば、思考の一貫性を保つことができるだろう。カントの講義録にも、「自分で考える」ことについての言及がみられる。

理性には、自分で考えることが必要とされる。ある他者の考えを繰り返して述べる人は、悟性を示しているが、しかし理性を示してはいない。だから人は、理性がなくても哲学を学ぶことができる。というのも、ある別の人の体系を暗記するためには、悟性だけあれば足りるからである。しかし、そのような体系について自ら判定することを学ぶのは、理性に帰属する。ある人はデカルト哲学ないしはヴォルフ哲学を学ぶことができただろう。それでも彼は未だ決して哲学者ではない。というのも彼は、他者の悟性による作品を判定するのに必要な、自分で考えることを学んでいないからである。[16]

ここに悟性と理性の区別が述べられている。悟性は何かを認識し理解するための能力であり、例えば他者の生み出した複雑な論理の構造について、その跡を辿り再構成するのに必要となる能力である。これに対して、この複雑な論理の構造のもつ欠陥を発見し、批判するために必要となるのが理性である。前者は再生産ないし模倣の能力であり、後者は自らの基準で判断し、判定する能力だといえる。『純粋理性批判』の「方法論」に、同様の主旨が述べられている。

もし私が客観的に考察された認識のあらゆる内容を捨象するならば、すべての認識は主観的に考察され、歴史的であるかそれとも合理的であるか、いずれかとなる。歴史的認識は与えられたものからの認識 cognitio datis であり、これに対して合理的認識は原理からの認識 cognitio ex principiis である。一つの認識は、それがどこから与えられたものであるにせよ、つまり、それが直接の経験、物語、または（一般的認識の）教えによって与えられたものであるにせよ、それが他の何かからその人に与えられたのであれば、それは彼に与えられただけの程度、与えられただけの量の、歴史的認識である。したがって哲学の体系、例えばヴォルフの体系を実際に学んだ人は、なるほどすべての原則、説明そして証明とともに、体系全体の区分を頭の中にもち、すべてを指で数えることができたとしても、それはヴォルフ哲学についての単なる歴史的認識以外の何ものでもない。彼が知り判断するのは、彼に与えられたことだけである。もし彼に対して一つの定義が論駁されるとき、彼はどこから別の定義を採って来るべきなのか分からないのである。彼は他者の理性に従って自らを形成する。しかし、模倣する能力は産出的能力ではない。つまり彼のもとでは認識は理性に由来するのではない。なるほどそれは、客観的には理性認識であったのだが、しかし主観的には、単に歴史的認識である（KrV B 863f./A 835f.）。

ここには「歴史的認識」と「合理的認識」がペアで提示されている。歴史的認識は「与えられたものからの認識」であり、いわば受動的な認識である。これに対して合理的認識は「原理からの認識」であり、当事者がその原理を自己の認識能力のうちにもつ限り、能動的な認識だといえる。前者は模倣する能力による認識であり、理性に由来する認識ではない。前者は、あくまでも他者の思考の受容であり模倣であって、自らのうちなる原理に基づく認識ではなく、狭い意味での自分で考えていることにはならない、というのがここでのカントの解釈である。では、自ら考えることを示す基準となる「原理からの認識」とはどのような認識なのか。この点について考えるために、カントに先立ってこの課題を考察していたヴォルフの言説をみることにしたい。

もしある人が、別の人によって述べられた事実に関する根拠が、この事実の根拠であることを論証できないのであれば、その人はその事実の哲学的認識をもってはいない。その人が知っているのは、ただ事実に関するこの根拠が別の人によって述べられているということだけである。〔そして〕なぜそれがかの事実の根拠であるのかを知らないのであり、したがって彼は根拠について知ってはいないといわねばならない。それゆえ彼はこの場合、疑いなくいかなる哲学的認識ももってはいない[17]。

ここでヴォルフは惑星が太陽の周りを回る楕円運動を例に、二つの認識の違いを説明している。ヴォルフの説明を要約すれば、この楕円運動の原因が、それぞれの惑星に外から及ぼされる作用である外力と、惑星を太陽の中心へと動かす重力にあることを、ニュートンの学説を学習することで知っている人は、ただこの運動についての事実認識をもつに止まる。ここでの事実認識は、先にみた「歴史的認識」である。これと対を成す「哲学的認識」をもつ人は、テクストによれば、ニュートンの述べた根拠が事実この楕円運動という現象の根拠であることを「論証」できる人である。この定義に従うならば惑星の楕円運動について哲学的認識をもつのは、ほんの一部の専門家や学習者であることになる。「哲学的認識」はここで、わずかの人々だけが共有するものとみなされている。

「歴史的認識」と、「合理的認識」ないし「哲学的認識」というペア概念によるのとは異なる観点からの解釈もみられる。自分で考えることについてカントは『判断力批判』で、「ふつうの悟性の格率」という名称のもとに次のように述べている。「一、自分で考えること、二、すべての他者の立場で考えること、三、常に自分自身と一致して考えること。第一の格率は先入観にとらわれない格率であり、第二のそれは拡張された思考の格率であり、第三の格率は、首尾一貫した思考様式の格率である」（KU B 158/AA 294）。私たちにはこのような思考のあり方が求められており、それが「ふつうの悟性の格率」である限り、あらゆる人に求められる態度に、したがって人々の悟性の「啓蒙」に重なる。「他者の立場」で考えることは、他者が何を求め、何を忌避するのかを知るためにどうしても必要であり、したがって「互恵性」を遂行するために不可欠である。第三の格率にみられる思考の首尾一貫性は、他者から信頼されるためには必須であるだろう。首尾一貫した思考様式をもつためには、自らのうちに何らかの固定した基準が求められる。この基準は「他者の立場」で考えることを通じて修正されることがあるとしても、基本的には当事者のうちに素地としてもともとあったものであるだろう。経験的に検証することのできる自分の性格の内奥に、自分自身でも十分把握することのできない自ら本来の性格がある、という考え方がここで想起される。内に秘められた自己の本当の性格というものがあるとすると、そのような性格は、ただ自ら考えるだけでなく、同一テーマについて他者の立場に立って改めて考えるというプロセスを経ることで、ようやくその一端を垣間見ることができるということかもしれない。

第四節　「完全性」

「完全性」は一八世紀ドイツ哲学の様々なテクストにみられる。例えばヴォルフの『ドイツ語の倫理学』（1720）に、「自然（本性）の法則 Gesetz der Natur の内容」という見出しのもとに、次のような説明ならびに命題がみられる。

自然は私たちに対して、私たちと私たちの状態をより完全にすることを義務づけ、私たちと私たちの状態をより不完全にすることを控えるよう義務づけている。それゆえ、きみをより完全にすることを行い、きみをより不完全にすることを控えなさい、という法則は自然（本性）の法則である。[18]

誰もが自らの維持・保存を第一に心がけることから考えるならば、この命令は「自然」であり「本性」にかなっているといえる。自己の維持と保存ということの基礎にあるのは、自己を他の何ものよりも優先すること、最も重要なものとして尊重することであり、カントの用語に即するならば「自己愛」がこれに相当する。自己愛を基準に人間の行為を反省するならば、誰もが求めるものは自身の安全で快適な状態である。これを確かなものにするために求められるのが、心身の健全であることや社会的・経済的安定を含むような、あらゆる意味での「完全」ということであるだろう。ここでの「完全」には何よりも先ず実用性の次元での完全性が意味されていると思われる。この命令的命題は、私たちが行為の選択を行う際に、これを制約することになる命題であり、ヴォルフによれば、私たちの内なる実践的知性が「自然」から受け取るものである。なお、同書にはこの命題以外に、自らの完全であることを求めることと同時に他者の完全性をも求める次のような命題が提示されている。

自然は私たちに、それ自身として善き行為を遂行し、それ自身として悪しき行為を控えることを義務づける。また、より善き行為をより悪しき行為に対して、またはより大きな善き行為をより小さな善き行為に対して優先することを義務づける。それゆえ、善き行為は、私たちの内的ならびに外的状態をより完全にし、悪しき行為はそれら〔私たちの内的ならびに外的状態〕をより不完全性にするのであるから、自然は私たちに、私たちと私たちの状態を、ないしは（同じことであるが）、私たちの内的ならびに外的状態をより完全にすることを義務づける。これに対して〔自然はまた〕私たちと私たちの状態を、ないしは、同じことであるが、私たちの内的ならびに外的状態をより不完全にすることを控えることを義務づける。またそれゆえ私たちは、それに従って私たちが私たちの権能のもとにある諸行為を方向づけるべき規則をもつ、それは〈きみを、そしてきみの状態を、もしくは他者の状態を、より完全にすることを行え。そしてきみや他者の状態をより不完全にすることを控えよ〉である（DE § 12）。

この命題をヴォルフは「自由な行為のための一般規則」（ibid.）と名付けている。ここには自己愛だけでなく他者への配慮が認められる。自己の完全性だけでなく、他者の完全性が、同時に求められている。換言すれば、ここには自らを目的とすることだけでなく、同時にまた互恵的であることが求められている。互いが互いの完全性を促進しようとするならば、そこには互恵的な人間関係が形成されることになる。こういったことを命令的な命題で示すのがここでの道徳的規則である。ヴォルフ学派に属するA・G・バウムガルテンもまた完全性概念を用いて自らの道徳的命題を表現していた。

それによってきみがより完全な目的ないしより完全な手段となるようなきみの完全性を、可能な限り求めよ。目的としてであれ手段としてであれ、また両方の観点からであれ、きみをより不完全にすることを控えよ。[19]

ここには、「手段」「目的」という概念が加わり、「完全な手段」そして「完全な目的」という新たな実践的概念が形成されている。より完全な手段となることを、そしてより完全な目的となることを通じて、「きみ」は完全性へと近づくことになる。ここでの諸概念を整理するならば、「手段」とは、先ずは自分ではなく自分以外の誰かが「目的」として想定される脈絡で、自分が「手段」となること、そして「目的」である他者の完全性を促進することである。ここでの「完全な手段」とは、「手段」として完全になること、他者の完全性を促進するに際して完全な手段となることを、したがって最高度に優れた手段としての役割を果たすことを意味するだろう。またきみ自身が「完全な目的」となること、とはきみ自身の完全性の追求であり、この脈絡ではきみ自身がいわば目的それ自体である。ここでの論旨は、完全な目的となることだけでなく、同時に完全な手段となることを通じて、「きみ」が「完全性」へと近づくこと、である。したがってヴォルフのもとにみられた互恵性がここにもみられ、この互恵性を介して自己の完全性を追求することが、ここでは命じられている。「完全な手段」という表現には、相互に同等の関係のもとに互いを援助するという範囲を超えて、自らを他者の犠牲にすることが求められているようにも思われる。つまり、合理性の次元を超える過剰な要求が含まれているとも考えられる。バウムガルテンの倫理学には、他者に対する支援すなわち「手段」のあり方について合理性を超えることが求められているのではないか。バウムガルテンの弟子G・F・マイアーのもとにもこの概念がみられる。『哲学的倫理学』でマイアーは次のように述べている。

> 人間は、自らの自由な諸行為によって自己を完全にするよう、ないしは自らの自由な諸行為によって自分の完全性を追求するよう、義務づけられている。この真理は、それ以外のすべての義務がそこから流れでる第一の義務である。[20]

ここでは、自己の完全性を追求することが、人間にとって最も優先される義務とみなされている。これはヴォルフが

「自然（本性）の法則」と名付けた命令的命題と同じく、自己の完全性を追求することを命じる命題である。これを「第一の義務」とするのは、自己自身を第一の目的とみなすということであるだろう。私たちは何よりも先ず第一に自己自身の安全を確保し、そのうえで自身の完全性を追求することが、義務として強く求められている、ということである。そのうえでマイアーはこの命題を批判する。「もし私たちが、私たちのすべての自由な行為によって私たち自身に可能な完全性を追求する、というふうに本性的に拘束されているとするならば、すべての本性的な拘束は恥ずかしい利己心に変容するだろう」[21]。自身の完全性だけを追求することは、「利己心」によるものであり、それだけでは私たち人間に本来求められていることを追求することにはならない、ということがここでの主旨である。利己心は自己愛に通じるものであり、その主体は自己の利益を最優先する実用性の次元での行為原理に従う主体である。利己心を制限する視点から「完全性」についてマイアーは次のように述べている。「したがって彼の完全性は次のことに存する、すなわち彼が、この連鎖のうちで、最も完全な目的であると同時に最も完全な手段であるという点に存する。さて私たちは、私たちの最高の完全性を追求するよう、本性的に拘束されている。〔…〕したがって私たちは本性的に拘束されている。一部では目的として、一部では手段として考察され、私たちに可能な最高の度合いで、より完全にするよう拘束されている」（APW §105）。ここでは一般的に利己的である個々の行為主体に、自らの完全性だけでなく、他者がその人の完全性を求めるにあたっての手段となることを通じて、互恵性を介しつつ自己の完全性を目的とすることが求められているといえる。換言すれば、他者を配慮することがここでは自己の完全性追求にとっての必要条件となっている。ここで求められているのは、利己的であることを超える心的態度であり、そこにのみ真正の完全性があるという理解である。

この思想史のコンテクストのうちにあって、カントもまた「完全性」概念を用いていた。倫理学の基本概念である義務を考察する脈絡で、完全義務、不完全義務というペア概念を用いて、それぞれを自己自身に対する義務と他者に対する義務というもう一つのペア概念に応用しつつ、人間が本来的にもつ義務について述べている。倫理学に関する最後の著書で、自己ならびに他者に対する不完全義務から、「同時に義務である目的」として二つの理念を提示する。一方は「自己の完全性」であり他方は「他者の幸福」である。自分については「完全性」を求め、他者にはその人の「幸福」を求めることが、それぞれの「私」にとって「同時に義務である目的」（MST A 13/AA 385）である。そしてここでの「自己の完全性」とは、「自らの能力（または自然的素質）の陶冶以外の何ものでもない」（MST A 15/AA 386f.）。自らの自然的素質の「陶冶 Kultur」とはテクストによれば、自分のもつ「悟性」ならびに「意志」の陶冶であり、「自らの本性の粗野な状態から、（quoad actum 行為に関する限りの）動物性から、それによって彼だけが自分に目的を定めうるところの人間性へと次第次第に高めるよう働くこと」（MST A 15/AA 387）である。これに対して、他者に対する義務である目的は、「私」がその人の素質を「陶冶」することではなく、その人の「幸福」を促進することである。

ヴォルフのもとにみられた命題では、自己と他者に対する要求はパラレルに考えられており、自己の完全性とともに他者の完全性が求められていた。「きみを、そしてきみの状態を、もしくは他者の状態を、より完全にすることを行え。そしてきみや他者の状態をより不完全にすることを控えよ」というのがヴォルフの命令的命題であり、自己と他者に対して同じく「より完全にすること」を命令している。ここに、他者の完全性を促進することを「私」に求めるヴォルフ（またバウムガルテン、マイアー）と、他者の完全性を促進することではなく、他者の幸福を促進することを求めるカントの違いが認められる。

おわりに

以上、啓蒙の時代のドイツでプログラム理念とされていた「成年」と『未成年』、「自分で考える」こと、そして「完全性」についての考察を行った。すべての人にとって到達目標とされる「成年」には、自分の悟性を使用する勇気をもつことが求められている。「勇気」は知性とは異なり、認識能力ではなく欲求能力に帰属する性質であり、悟性・知性と対を成す意志に求められるものである。したがって、シュナイダースが述べる啓蒙当初の意図である「悟性の啓蒙」とは既に異なる内容をもつといえる。後者は知性の啓蒙ではなく、いわば意志の啓蒙であるだろう。一八世紀のドイツに限っても啓蒙のプログラムは決して一様ではなく、そのアクセントを絶えず変更しつつ、人間の認識ならびに欲求能力の改善を主要な課題として継続されていたと思われる。カントは未成年状態から成年状態へと進むことを「啓蒙」という名称のもとに求めているが、しかし実際には「大部分の人々」（Aufkl A 482/AA 35）が生涯未成年に止まっているとみなしていた。この理解に基づいて求められるのが、世代を経て継続されるべき啓蒙の進捗である。そのためには「自分で考えること」が必要であり、またそれが誰にも許されるような環境が前提として求められる。そのような環境のもとでのみ、誰もが自らをより「完全」にすることが可能となるに違いない。カントの論稿「啓蒙とは何か」が発表されてから二世紀以上既に経過しているけれども、「大部分の人々」にとって自分の思うように自らの素質を伸ばすことは、内的・個人的理由によるだけでなく、外的・社会的理由により——そして恐らくは多くの場合後者の理由により——依然としてかなり困難であるように思われる。

後注

1 「啓蒙 Aufklärung」という言葉は、一八世紀にはまだ新奇な言葉であり、学者たちにとってもなじみのない言葉だったようである。モーゼス・メンデルスゾーンは次のように述べていた。「啓蒙、文化、教養といった言葉は、私たちの言語ではまだ新参者である」（Moses Mendelssohn, *Ueber die Frage: was heißt aufklären?* in: *Was ist Aufklärung? Beiträge aus der Berlinischen Monatsschrift*, 〔…〕 ausgewählt, eingeleitet u. mit Anmerkungen von Norbert Hinske, Darmstadt 1981, S. 444）。

2 Werner Schneiders, *Das Zeitalter der Aufklärung*, München ^{5}2014, ^{1}1997, S. 7; ヴェルナー・シュナイダース『啓蒙の時代』河村克俊、嵩原英喜、西章訳、晃洋書房、二〇二四年、一頁。

3 カントと書簡のやりとりのあったJ・H・ランベルトの『建築術の構想』に「概念の解明〔啓蒙〕Aufklärung des Begriffs」という表現がみられる。「私たちは後続箇所で、〔…〕基礎理論に帰属することを詳細に提示する機会をもつことになるが、しかしここではただ〔…〕完全性の概念の解明〔啓蒙〕のために必要である限りにおいてだけ申し立てる」（Johann Heinrich Lambert, *Anlage zur Architectonic, oder Theorie des Einfachen und des Ersten in der philosophischen und mathematischen Erkenntniß*, 2 Bde., Riga 1771, Neudruck, Hildesheim 1965, Bd. 1, S. 354f.）。

4 Schneiders, ibid., S. 17; 訳一四頁。

5 ルードヴィキは「ヴォルフが使用した学術用語」をドイツ語―ラテン語―ならびにラテン語―ドイツ語の表にまとめている。これらのタームはいずれもこの表にみられる用語である。以下を参照。Carl Günther Ludovici, *Ausführlicher Entwurf einer vollständigen Historie der Wolffischen Philosophie*, Bd. 1- Bd. 3, Leipzig 1735-1738, Bd. 1, § 99, S. 78-89 (Deutsch-Lateinisch), § 100, S. 89-100 (Lateinisch-Deutsch); WW III. 1.1, 1.2, 1.3.

6 『賢者ナータン』には、その所有者を神と人とに愛される者にするといわれる一つの指輪と、それからつくられた二つの偽物の話が述べられている。その第三幕七場で、時代を経ることで本物の指輪の所有者だけが事実神と人に愛されることになるはずである旨が、裁判官の言葉として次のように述べられる。「本物の指輪は〔その所有者を〕愛されるものにするという奇跡の力をもつ、と私は聞いている。神と人々に愛されるものにする、と。このことが判決を下さねばならない。なぜなら偽の指輪にはそのようなことはできないだろうから」（Gotthold Ephraim Lessing, *Nathan der Weise*, in: *G. E. Lessing Werke*, in 8 Bde., in Zusammenarbeit mit Karl Eibl, Helmut Göbel, Karl S. Guthke u. a., München 1970-1979, Bd. 2, 1971, S. 279）。

7 Schneiders, ibid., S. 106-110; シュナイダース『啓蒙の時代』、一三三―一三七頁。

8 Norbert Hinske, „Die trgenden Grundideen der deutschen Aufklärung. Versuch einer Typologie“, in: *Die Philosophie der deutschen Aufklärung. Texte u. Darstellung* von Raffaele Ciafardone. Deutsche Bearbeitung von Norbert Hinske u. Rainer Specht, Stuttgart, 1990, S. 407-458. ヒンスケはドイツ啓蒙の担う主要な理念を「プログラム（綱領）理念 Programmideen」「闘争理念 Kampfideen」「基盤理念 Basisideen」「派生的理念 abgeleitete Ideen」に区分し、そのうえでそれぞれのうちにより具体的な理念を提示する。このうち「プログラム理念」には、「啓蒙」ないし「解明」、「成年」、「自分で考える」、「完全性」などが主要理念としてあげられている。以下を参照。Hinske ibid. S. 412-426.

9 これはタレスの説といわれている。そしてタレスにはじまるミレトス派の人々について次のようにいわれる。「ミレトス派は、その世界の合理的説明の努力によって、『ミュトス〔神話〕からロゴスへ』の第一歩を力強くふみだした〔…〕」（服部英次郎『西洋古代中世哲学史』ミネルヴァ書房、一九七九年、九頁）。

10 ビースター（Johann Erich Biester 1749-1816）とゲディケ（Friedrich Gedike 1754-1803）を編者として一七八三年に刊行を開始し、一七九一年にゲディケが退いた後一七九六年まで続いた月刊誌。後期ドイツ啓蒙の進展にとって重要な役割を担ったとされる。以下を参照。Eckhart Hellmuth, Artikel: „Berlinische Monatsschrift“ in: Werner Schneiders, hrsg., *Lexikon der Aufklärung*, München 1995, S. 62f.

11 項目「成年」（松村明他監修『辞林21』一九九三年、一一三二頁）。

12 以下を参照。「大部分の人々は、自然が既に彼らを他者の指導から解放しているにもかかわらず（naturaliter maiorenes 自然的成年）、喜んで生涯を通じて未成年状態に止まっている〔…〕。その原因は怠惰と怯懦にある」（Aufkl A 481f./AA 35）「大多数の人々〔…〕は、成年へと至るための歩みが、つらいだけでなく、たいへん危険なことだとみなしている」（Aufkl A 482/AA 35）。G・ベーメはカントがこの論文で「公衆に対する失望を、はっきりと示してい」ると述べている。以下を参照。ゲルノート・ベーメ『新しい視点から見たカント『判断力批判』』河村克俊監訳、晃洋書房、二〇一八年（日本語版のための序言」V－VI頁。

13 テクストではカントは、聖職者のグループが教区の信徒を監督し、信徒たちが現行の制度や信条を廃棄できないように操ることを批判している。以下を参照。Kant, *Was ist Aufklärung*, A 488/AA 38f.

14 Artikel „Aufklärung“ in: Karl Rahner u. Herbert Vorgrimler, hrsg., *Kleines Theologisches Wörterbuch*, Freiburg ^{16}1988 (^{1}1975), S. 45f.

15 『実践理性批判』の「序言」で次のように述べられている。「…自由は思弁的理性のあらゆる理念のうちで唯一私たちがその可能性を、洞察するわけではないが、ア・プリオリに知っている理念である。というのも自由は、私たちが知っている道徳法則の条件であるからだ。神と不死の理念はしかし、道徳法則の条件ではなく、ただ道徳法則を通じて規定される意志の、つまり私たちの純粋理性のただ実践的である使用の、必然的客観にとっての条件であるにすぎない」（KpV, A 5/AA 4）。ここでの「必然的客観」とは「最高善」であり、これへと近づくためには道徳法則の実在性の条件となる「自由」だけでなく、さらに「神」と魂の「不死」という二つの理念が不可避の条件として、実践哲学の体系内で求められる。現実世界のうちにあって、組織として活動を行う教会とは異なる観点から、信仰とその対象である「神」について、カントは考えていたようである。

16 *Immanuel Kants Menschenkunde oder philosophische Anthropologie*, hrsg. von Fr. Ch. Starke (d. i. Johann Adam Bergk), Quedlinburg/Leipzig ^{2}1838 (^{1}1831), Neudruck, Hildesheim New York 1976, S. 210f; Hinske, „Die tragenden Grundideen …“ ibid., S. 421 u. S. 447f., Anm. 63.

17 Christian Wolff, *Discursus praeliminaris de philosophia in genere*, 1728; *Einleitende Abhandlung über Philosophie im Allgemeinen*, übers. u. hrsg. von Günther Gawlick u. Lothar Kreimendahl, Lat. u. Dt. Stuttgart -Bad Cannstatt 1996, § 9.

18 Christian Wolff, *Vernünfftige Gedancken von der Menschen Thun und Lassen, zur Beförderung ihrer Glückseligkeit* (DE), Frankfurt u. Leipzig ^{4}1733(^{1}1720) § 19; WW I. 4.

19 Alexander Gottlieb Baumgarten, *Initia philosophiae practicae primae* (Init)/ *Anfangsgründe der praktischen Philosophie*, übers. u. hrsg. von Alexander Aichele, Lat. u. Dt., Hamburg 2019, § 43.

20 Georg Friedrich Meier, *Philosophische Sittenlehre*. Erster Teil, Halle 1762, § 32, S. 69; WW III. 109,1.

21 G. F. Meier, *Allgemeine Practische Weltweisheit* (APW), Halle 1764 § 105; WW III. 107.

付論　ヴォルフの著書にみるドイツ語のターミノロジー

第一節　ドイツ啓蒙と哲学のターミノロジー

ヴェルナー・シュナイダースは、ドイツでの啓蒙期のはじまりを示す出来事として、一六八七年にライプツィヒ大学でクリスティアン・トマージウスがドイツ語で授業を行う旨の講義公告を掲示したことをあげている。[1] この時代ドイツの大学ではまだ一般にラテン語で授業が行われていたようである。トマージウスは中世以来の長い伝統をもつこの慣習を廃し、日々の生活で用いられている自らの母語を学術の分野でも使用することを試みたわけである。そしてシュナイダースは講壇社会でのこの試みとともに新たな時代が始まったと考えるわけである。トマージウスは論理学や倫理学のテクストをドイツ語で書いているが、専門とする分野は法学であり、狭義の哲学の専門家ではない。狭義の哲学の問題に取り組んでいたのは、およそ一〇歳年長のライプニッツだった。ライプニッツは生成する世界のあり方を制約する原理を「充足根拠律」のうちに認め、「この原理によれば〔…〕なぜあるものがまさにそのようであって別様ではないのかということを教える十分な根拠なしには、いかなる事実も真ではなくまた在ることもできない」[2]と定式化する。こうしたいわゆる形而上学に属する諸々の主題について、ライプニッツは主にフランス語とラテン語で著述している。

したがって、ライプニッツの思索から生み出された諸々の概念は、哲学の分野におけるドイツ語のターミノロジーの生成を主題化する脈絡では、その前史のうちに位置づけられることになる。

狭義の哲学ないし「形而上学」という分野に限れば、ドイツ語で書かれた文献としてはChr・ヴォルフの『神、世界、人間の心、そしてあらゆる事象一般についての理性的な考察』(1719)[3]が最も早い時期のものであるだろう。『ドイツ語の形而上学』と略称されるこの著書は、「神」「世界」そして「心」について、このハレ大学の教授が自らの立場をドイツ語で語るテクストとして衆目を集め、またピエティスト派神学者との間に論争が始まると、神学者たちがヴォルフの思索のうちに無神論ならびに運命論を読み込むための主要テクストとされることで、繰り返し言及されることになった。この著書はヴォルフの生前に一二版を数えており[4]、一七五四年までに一四版されている『ドイツ語の論理学』とともにこれが彼の哲学の普及に貢献したことが分かる。神学者たちからの批判にきめ細かく答えるために、ヴォルフは『ドイツ語の形而上学』の別巻にあたるものを一七二四年に刊行している。[5]ハレ大学時代にヴォルフはさらに倫理学、政治学の分野でドイツ語の著書を主に講義のための教科書として上梓している。これらのテクストで用いられた専門用語が、その後ドイツの学術社会で広範に受け容れられていくことになる。一七二三年、ピエティスト派神学者たちとの政争を経てマールブルクに移ったあと、論理学や形而上学をはじめとするあらゆる分野についてヴォルフは改めてラテン語で執筆し、膨大な作品を残すことになった。またこの時期に、彼の用語を集めた『ヴォルフの全ドイツ語著作の哲学辞典』(1737)[6]がH・A・マイスナーにより上梓され、C・G・ルードヴィキによる全三巻から成る『ヴォルフ哲学の歴史』(1735–1738)[7]という概説書が出版されている。こうした事情が、ヴォルフ哲学の普及を促し、彼のハレ帰還を準備したと考えることもできるだろう。[8]

ここで、ドイツ語の学術用語の生成に関してヴォルフに注目すべき理由について確認しておきたい。その理由は先ず、ヴォルフが同一分野に関してドイツ語とラテン語の両方で執筆しており、学術用語の対応関係が比較的容易に確認できることにある。例えば「形而上学」に関して彼は、先に触れたドイツ語での著書を執筆したあと、ラテン語でもう一度執筆している。どちらも、存在論、心理学、世界論（宇宙論）、自然神学から成る。ヴォルフに注目すべき第二の理由は、彼のドイツ語での著作がこの世紀に繰り返し版を重ねており、多数の読者を得ていたと考えられるからである。言語史家ヴォルフガング・メンツェルによれば、先に触れた著書以外に『ドイツ語の倫理学』は八版、『ドイツ語の政治学』は七版を数えている。[9] 同時代のドイツ語圏には、このような講壇哲学者は他にいなかった。また、『ドイツ語の形而上学』にヴォルフは専門用語の索引を付し、これに対応するラテン語のタームを付けている。ここには、自らの用いる新しい用語が、中世以来の長い伝統をもつ学術用語に対して、確かな対応関係にあることを明確に示そうとする意図が読み取れる。またその新たな用語がオーセンティックな学術用語として学術界に広く受け容れられることを求めていたとも考えられる。これら用語の普及を後押ししたのが、先に触れたヴォルフのドイツ語著作の用語を編纂したマイスナーの『哲学辞典』である。またルードヴィキは自らの著書『ヴォルフ哲学の歴史』に、ヴォルフの学術用語に関するドイツ語とラテン語の対照表を付している。このことからは、当時ドイツの大学社会に、ヴォルフの用いたドイツ語とラテン語の専門用語を対照することへのニーズがあったことが分かるだろう。また、ヴォルフならびにその哲学については、その後J・H・ツェードラーの『万有事典』[10]に項目として取り上げられ、「ヴォルフ」「ヴォルフ哲学」といった項目のうちに詳細な説明がなされることになった。[11] こうしたことを勘案すると、一八世紀の二〇年代以降、ヴォルフの用いたドイツ語のタームが専門用語として認知され、当時の大学社会に徐々に浸透したと考えて間違いない。これらのことから、ヴォルフの学術用語に注目することには十分な理由があるといえる。

『ヴォルフ哲学の歴史』の著者ルードヴィキはライプツィヒ大学の教授であり、また少なくとも同書執筆時にはヴォルフ哲学の信奉者であったと思われるので、ヴォルフがその内容についてまったく知らなかったとは考えられない。また、もしヴォルフが自らの業績に関わるこの作品に満足していなければ、出版を差し止めすることもできただろう。したがって、彼のヴォルフ書に収められたドイツ語―ラテン語対照表は、資料とするに足るものと思われる。またマイスナーの辞書についても、ほぼ同じように考えることができる。もしヴォルフがその内容に不満であったならば、出版させないこともできたはずである。ただし、どの程度ヴォルフ自身が満足していたのかは定かでない。後にみるように、マイスナーの辞書には、引用箇所ないし参照箇所が必ずしも記されておらず、その内容について確認することが困難なことがある。また、「表象」に関してなど、ヴォルフ自身と異なる対応語をあてていることが確認できる。肯定的な評価としては、言語史家パウル・ピウがこの辞書について「信頼できる」[12]と述べていることがあげられる。

以下では、ヴォルフの『ドイツ語の論理学』[13]ならびに『ドイツ語の形而上学』、マイスナーの『哲学辞典』、ルードヴィキの手になる「独羅対照表」(『ヴォルフ哲学の歴史』に所収)を主な資料として、認識に関わるヴォルフの六つの用語について素描することにしたい。

第二節　認識の成立に関わる諸概念

世界の成立を反省する脈絡には、なぜ世界はまったく存在しないのではなくむしろ存在するのか、また、なぜこの存在する世界は別様にではなくまさに現にあるような仕方で存在するのか、という基本的な問いがある。そして、これに答えるために、主観の側で前提される制約を解明するとともに、また客観の側で前提とされる制約をも明らかにすることが求められることになる。主観の側に前提される制約として感覚や感官、悟性ないし知性、そして理性などが取り上げられ、さらに詳細に説明するに際しては、構想力、統覚などがこれに加えて考察された。以下では、認識の成立に関わる主要な概念のうち、特に主観の側に位置づけられるものについて、ヴォルフがこれらをどのような意味で用いているのか、またそのラテン語との対応関係について素描する。なお、考察の順序は、ユリウス・バウマンの『ヴォルフの概念規定』[14]に従う。

一．言葉の成り立ちからみるならば「表象 Vorstellung」は、「前 vor」そして「立てる stellen」からなる動詞 „vorstellen“をもとに、これが名詞化したものである。したがって最も基本的な意味は、「前に立てること／前に立てられたもの」であり、思考のうちで想定されたもの、イメージされたものや、目の前に現存するもの、知覚されたもの、といった意味がそこから生じる。言葉の成り立ちからドイツ語の「表象」にはこのような意味が認められ、認識主観の活動との相関性、またこの活動を前提とすることが読み取れる。ヴォルフは『ドイツ語の形而上学』に付したインデックスで「表象」に「イデア Idea」（DM S.[677]）を対応語としてあてている。ルードヴィキもまた「対照表」で、„idea“（Lud S. 88）をあてている。マイスナーの『哲学辞典』では複数形 „Vorstellungen“ に „repraesentationes“（Meis S. 689）があてられている。ルードヴィキはヴォルフ自身の翻訳に忠実であり、マイスナーはなぜか異なるタームをあてたことになる。

「表象」についてヴォルフは『ドイツ語の形而上学』で以下のように説明している。「私たちは諸々の事象をそれ自身としてか、または言葉ないしはそれ以外の記号によって、表象する。例えば、今ここにいないある人について考え、彼の姿をいわば眼前に思い浮かべるならば、私は彼その人を表象している。しかし、私が徳について、徳とは一つの完成であり、自らの諸行為を自然の法則に従って方向づけることであると、諸々の言葉によって考えるならば、私は徳について諸々の言葉によって表象している。前者の認識は直観的認識、後者の認識は象徴的認識である」（DM § 316）。ここでは、眼前に見えないものについての表象が、二つの種類の認識に振り分けられている。「直観的認識」とは、今ここにいない人物の姿を眼前に思い浮かべることで得られる認識である。これに対して「象徴的認識」とは、言葉による推論や記号を介しての間接的な認識である。ここで用いられている「象徴的 figürlich」という形容詞には、「直観的」ではなく媒介的であり、感覚的ではなく思弁的であるという含意がある。これは感官による映像としての認識と、感官を通さず概念によってなされる認識の違いに基づく区別であると思われる。なお「イデア」を、感官の対象となるすべてのものを含む広範な意味の射程をもつ「表象」の同義語とするのは、デカルトやロックの用法であり、それ自身感官の対象とならないものを意味するプラトンの用法とはかなり異なる。[15]

マイスナーの辞書には次のような記述がみられる。「表象は、世界内にある事物と類似性をもつはずである」（Meis S. 689）。参照箇所が示されていないので、ヴォルフがどこでこのように述べているのかは確認できない。[16]「類似性 Ähnlichkeit」という表現で意味されているのは、表象は世界内にある事物そのものではない、ということであるだろう。ここでマイスナーが「表象」に „repraesentatio" をあてていたことが想起される。この語には、「形象的描写」や「模写」という意味がある。[17] このことから考えるならば、「表象」は世界内の事物そのものではなく、私たちがそれを捉えようとするときに、この捉えようとする活動によって、いわば結果として与えられるものであり、こちらの側に残るものである。換言すれば、それは私たちの認識能力を通じて捉えられた限りでの事物、つまり「形象的に」「描写」された事物であって、両者は同一のものではない。別の言い方をすれば、表象はあくまでも私たちの認識能力を通じてもたらされたものであって、この能力のもつ機能に制約されているので、もとのもの、すなわち世界内の事物そのものではない。例えば、眼前の木々は緑色や黄色に見えるけれども、それら自身がそのような色をもつわけではなく、光の当たること、一定の距離など、様々な条件のもとで私たちがこれを見るときに、つまり私たちの認識能力がこれを把握しようとするときに、そのようなものとして現れるわけだ。音や温かさなども同様である。ヴォルフは『ドイツ語の論理学』で繰り返しロックに言及しており、H・W・アルントによればロックの認識論を学習しているので、[18] 対象そのものとこれについての表象を区別することについては、ロックからの影響が十分考えられる。ただし、事象の性質に関するロックの区分、特に一次性質と二次性質の区分をどの程度ヴォルフが受容していたのかについては、定かでない。いずれにしても、世界内にある事物は、この事物についての私の表象とまったく同じものではない、という理解がここでの要点である。このような観点が、認識の成立に関する問題として、後続する世代に継承されることになった。

二．次に「感覚 Empfindung」である。言語史家ピウによればこの語は、ヴォルフがこれを用いることで確固とした哲学の専門用語となった[19]。ヴォルフ自身は『ドイツ語の形而上学』で „Empfindung" に „Sensatio" をあてている（DM S. [674]）。ルードヴィキの「対照表」では、„Empfindung" に「知覚 perceptio」ならびに „sensatio" （Lud S. 80）があてられている。マイスナーの辞書では複数形の見出し語 „Empfindungen" に „sensationes" があてられている（Meis S. 158）。「感覚」は、事柄としてみるならば、認識主観とその客観がいちばんはじめに触れ合うことを、主観と客観の最初の接触を意味する。換言すれば、このタームは認識の成立を遡及的に考察するにあたって、主観と客観が出会うその端緒を示している。主観のはたらきに対して感覚を通して顕現するものが何であるのか、という問いは認識論の問題として現代に至っている。すなわち、このものは主観のはたらきとはまったく異なるものとしてあらかじめ存在していたのであり、主観からは独立に在るものであって、それが主観のはたらきを通じて現れたのか、それともこのものは主観がはたらく以前に何らかのものとして存在していたわけではなく、主観がはたらくことではじめて生み出されたものであるのか、といった問いである。これは認識の成立を反省する脈絡で常に繰り返し問われることになる問題である。

この語についてヴォルフは『ドイツ語の論理学』第一章の冒頭で、次のように説明している。「〔…〕もし私たちがあるものを私たちにとって現在するものとして意識するならば、私たちはそのものを感覚する。すなわち私たちは、痛み、音響、光、私たち自身の思考、といったものを感覚する」（DL I, § 1）。ここでの記述によれば「感覚」は先ず、直接私たちの感覚器官に触れるものを意味している。「現在する」、すなわち現実にここにあるものとして「意識する」とは、明確に対象として把握することであるだろう。これらとは異なり、「私たち自身の思考」は、認識主観から一定の距離をもつところにあるような一般的な意味での感覚的な対象とは異なる。これについては主観が自身の反省的な思考活動のうちで、直接これに触れるもの、直接的に自覚するものだといえる。何らかの外的対象へと向かう意識を前提とし、この意識へと向かう反省的意識を考えるならば、第一の意識を第二の意識が「感覚」していることになる。「感覚」の対象としてヴォルフが、「私たち自身の思考」をあげるとき、そのことで考えていたのは諸々の対象を考察する意識に対してこれを反省する意識、すなわち反省意識ないし自己意識だったと思われる。そして、私たち自身の思考を思考として把握する意識のはたらきが、「感覚」とみなされているわけだ。ヴォルフは同書で次のように述べている。「それによって私たちが自らを意識するような心の作用を、私たちは思考と名付ける。というのも誰もが、もし自分が何ものをも意識していないならば、その間自分は思考していない、と述べるからである。このように諸々の感覚は、私たちにとって現存在する諸事物についての思考である」（DL I, §2）。ここでの記述から、ヴォルフは「感覚」をある種の「思考」であるとみなしていることが分かる。マイスナーは自らの編纂した辞書の「感覚」の項目で、以下のように述べている。「ヴォルフ氏は感覚を、心による諸々の思考の一つに数えている。けれども感覚は本来身体に属するので、それはどのような感覚のもとでも、変化が私たちの身体のうちに生じるのと同様、この変化を引き起こした諸事物を私たちが意識することによってもまた生じる。私たちが〔何かを〕感覚するというとき、両者〔身体の変化と、変化を起こした諸事物〕は互いにならび合っているはずである」（Meis S. 158）。ここで「感覚」は、先ず言葉本来の意味に基づいて、身体に関わる変化を感性的に理解するはたらきであるとみなされる。そのうえで、身体の変化ならびにこれをもたらす事物が認識主観によって「意識」されることが「思考」であるとみなされている。何者かを感覚的に受容することがある種の思考であるとすると、概念や命題を操作する意識のはたらきと、感じること、感覚すること、という意識の受動的なはたらきの境界が不定になる。換言すれば、受動的な意識のはたらきと能動的な意識のはたらきとが、截然と区別されないことになる。いずれにしても、ここで「思考」は、ものの感性的な受容をも含んだ広範な意味をもつといえる。

また、『ドイツ語の形而上学』では次のように述べられている。「私たちの心のうちで、非常にしばしば気づかれる変化は、感覚である。感覚は私たちの感官の一部に触れる物体を表象させる。物体は複合体である。したがってまた諸感覚は複合体を表象させる。このような表象が生じるところの心は、単純体である。そのように複合体が単純体のうちに表象される。したがって諸感覚は、単純体のうちなる複合体の諸表象であり、外的な感官の一部のうちで諸変化の誘因によって生じる」（DM § 749）。ここでの「感覚」が「視覚」や「聴覚」を意味するのであれば、ここに示されているのは外的な物体の認識である。またこの感覚の主体は、「単純体」すなわちモナドとしての自我である。また、以下のようにも述べられている。「私たちの外部にある事物を直接的に感覚する能力は、諸々の感官という名称で呼ばれ、見る、聞く、感じる、臭う、味わう、という五つのことが数えられている」（DL I, § 3）。「感覚」する能力はここで、感官に帰されている。感官によって「感覚」されるのは、事物そのもののもつ性質だけではなく、その事物を「感覚」する認識主観のもつ感官によって生み出されるものでもある、というのがロック以来の前提であった。

三「構想力 Einbildungskraft」[20]について、ヴォルフは『ドイツ語の形而上学』のインデックスで「想像力 Imaginatio」（DM S. [673]）を、「構想 Einbildungen」には „Phantasmata“（ibid.）を対応語としている。ルードヴィキの「対照表」でも „Einbildungskraft“ に „imaginatio“（Lud S. 80）が、„Einbildungen“ には „phantasmata“（ibid.）があてられている。マイスナーもまた „Einbildungskraft“ に „imaginatio“（Meis S. 152f.）を、„Einbildung“ に „phantasma“（ibid.）をあてている。『ドイツ語の論理学』でヴォルフは、「構想」ないし「構想力」と異なる能力として、既に「感覚」の箇所で見た「感官 Sinn」をあげ、これについて以下のように述べている。「感官は私たちの外部にある事物を思考するきっかけを与える。それで感官は私たちにその事物の概念をもたらす。そのように見ることによって光と色の概念を、聞くことによって音の概念を、感得することによって柔らかさと硬さの概念を、臭うことによって香りと臭いの概念を、味わうことによって甘さと酸味についての概念を、それぞれもたらす」（DL I, § 5）。「感官」は、その場にあるもの、現前するものについて、これを直《じか》に把握する能力であり、そのことにより色や音の概念をもたらす能力であるとみなされている。これに対して「構想」については次のように簡潔に記されている。「その場にない諸事物の表象は、諸構想と名付けられる。そしてそのような諸表象を生み出す心の能力は、構想力と名付けられる」（DM § 235）。またラテン語の『経験的心理学』では次のように述べられている。「感性的にその場にない諸々の事物についての知覚を生み出す能力は、構想力と名付けられる」[21]。ここで「構想」ないし「構想力」は、現前しないものについて、これを想像する、ないし想起する能力とみなされ、現前するものについてこれを把握するのが「感官」であり、両者が対照的な能力とみなされている。そして、現前する対象については感官と悟性がともに働くことで、判明な認識が成立するとみなすわけである。マイスナーの辞書には次のような記述がみられる。「構想力は、その場にない諸々の事物についての表象を生み出す能力である。構想力はしかし、私たちが既に別の時間に考えたことのある事物についてだけ関わるものではなく、私たちがこれまで一度も感受したことのないものにも関わる。これには二通りの仕方がある。第一の仕方では、私たちが実際に見たことのある事物を、もしくはただ図像のうちに見る事物を、随意に分割し、またそれら様々な事物の諸部分を随意に結びつけ、そのようにして私たちがこれまで見たことのないものが現れる。このような仕方で、異教の神々がもつ奇妙な形態がもたらされたのである。〔…〕そして、構想力のもう一つの作用により、決して目の当たりにされたことのないものが、根拠律を用いることで生み出され、そして真理の含まれている図像が生み出される。〔…〕ここへはまた、建築家が建築術の規則に従って思考のうちに表象するある建築物の図像が帰属する」（Meis S. 152ff.）。参照箇所が示されていないので、どの著書からとられた文章であるか分からないが、ここにはマイスナーを通してみるヴォルフの「構想力」が丁寧に描かれている。それでは、ここで可視的ではないが根拠律を用いることで生み出され、真理を含むとされる図像で、ヴォルフは何を考えていたのだろうか。構想力の第一のはたらきによって、「異教の神々」が、「奇妙な形態」のものとしてもたらされたことから考えるならば、「真理の含まれている図像」ということで意味されているのは、恐らくヴォルフ自身の考える本来の「神」の姿である。それは、存在するものの全体としての世界に対して、その第一原因ないし起源の位置に、充足根拠律に基づいて「生み出される」ものである。換言すれば、世界という建築物の存在することの充足根拠として、建築術の規則からして、不可避的に求められるものである。もしこのような解釈が正しければ、ここでは充足根拠律が経験の領域を超えるところにまで適用されていることになる。

四．「悟性 Verstand」については、『ドイツ語の形而上学』でのインデックスでは "R" の項目で「純粋悟性 reiner Verstand」として示され、„Intellectus purus"（DM S.[675]）が対応語とされている。ルードヴィキの「対照表」では、„Verstand" と „reiner Verstand" が併記され、後者に „intellectus purus"（Lud S. 87）が付されている。マイスナーは „Verstand" に „intellectus"（Meis S. 652）をあてている。この語について、ヴォルフは次のように述べている。「可能なものを判明に表象する能力が悟性であり、そのことにより悟性は諸々の感官と構想力から区別される。つまり諸々の感官と構想力によるだけでは、諸々の表象はせいぜい明晰なだけで、決して判明ではない。これに対して悟性が加わるならば、それら諸々の表象は判明となる」（DM § 277）。先にみた「構想力」での叙述を参考にするならば、ここで「諸々の感官」はただ現実に目の前にあるものだけを表象する能力であり、「構想力」は現前しないものを表象する能力である。これに対して「悟性」は、感官とともに現前するものについて表象し、構想力とともに現前しないものについてこれを表象する能力として位置づけられている。さらにまた、認識の程度を表す「明晰」ならびに「判明」という基準について、あるものがそれ自体としてはっきりとしていることを示す「明晰」ということについては、「感官」や「構想力」による表象にも認めるが、さらにそのものが他のものとはっきりと区別されていることを示す「判明」という上位の段階については、「感官」と「構想力」に加えて、「悟性」のはたらくことが求められている。例えば、眼前の壁に横長の赤いものが描かれた絵がかかっているとする。この時点で対象は表象されている。もし、そこに描かれたものが魚であること、さらにそれがアロワナであることが分かれば、表象は次第により判明になるといえる。

また、次のようにも述べられている。「私たちがある事物を表象するやいなや、私たちはその事物を認識する。また もし私たちの諸概念が判明であるならば、私たちの認識もまた判明である」（DM §278）。ここでの記述から、判明な概念による表象が、判明な認識を意味するということが確認できる。判明な表象は、感官が悟性とともにはたらくところに成るものであった。そして認識の判明性は、私たちのもつ概念の判明性に基づくとみなされている。したがってここでの記述によれば、感官だけによるのでは、判明な表象は成立せず、したがってもちろん判明な認識は得ることができないことになる。

同じ『ドイツ語の形而上学』には、次のような記述もみられる。「認識の判明性は悟性に属し、これに対してそれが不明瞭であることは感官と構想力に属するのであるから、もし私たちがまったく判明な認識をもつならば、悟性は感官と構想力から区別されている。これに対して私たちの認識に不明瞭さや曖昧さが認められるならば、その認識は諸々の感官ならびに構想力と一つになっている。第一の場合に悟性は純粋と名付けられ、他方の場合には純粋ではないといわれる」（DM §282）。認識は一般に感官と悟性そして構想力と悟性が共働することで成立する。この前提のうえでここでは「感官と構想力」から悟性が区別され、悟性が単独で認識活動を行うとき、「純粋」であり「まったく判明」であるような認識が成立するとみなされている。すなわち視覚や聴覚等の感官から独立し、悟性が単独で対象認識を行うところに、純粋な認識が成立すると、理解されているわけだ。それでは、どのような事象領域で純粋な悟性のはたらきが認められるのか。

例えば、天動説は主に感官に基づき、地上から太陽の動きを観察するときに得られる視覚や、大地が動いていないという現実感覚などがその基礎にある。これに対して地動説は、感覚的には「不動」である大地を動くものと考え、視覚的には動いている太陽を不動と仮定し、その位置関係を数学的に説明するのであるから、感覚から独立する思考に基づくといえる。少なくとも、天動説に比べると地動説はより感官から離れたところで、より計算に即して、仮定されているといえる。もちろん、地動説もまたまったく観察から独立しているわけではなく、太陽と地球だけでなく惑星間の位置関係などの観察に基づくデータが基礎資料とされ、その諸関係をより高い整合性のもとに説明しようとすることから成り立つ考え方である。したがって、感官からまったく独立に成立する認識であるとはいえないだろう。しかし、その原理は感覚による認識に対して概念による認識を優先させるという思考方法に基づくものであり、感性に対する悟性の優位を明示するものである。恐らく、論理学や数学を除けば、認識は常に感官を前提とし、そのうえで構想力やさらには悟性のはたらきを必要とする。ヴォルフ自身次のようにも述べている。「しかしながら経験が示すように、またしかるべき場所で私たちが明らかにするように、私たちの悟性はどのような場合にも完全に純粋ではない。判明性のもとでもなお多くの非判明性や曖昧さが残っている」（DM § 285）。ここには、悟性が決して完全には感官ならびに構想力と切り離されず、決して単独で対象認識を生み出すことはできないという、認識の成立に関する根本的な解釈が語られている。ヴォルフは、悟性による単独での認識ということについては、その可能性を認めなかった。この点について彼は、以下のようにも述べている。「諸々の概念の解明は、事象を感官の助力により確かに明晰にではあるが、しかし判明にではなく理解するところで終わるのを常とするので、悟性は感官と構想力から決して独立しておらず、したがってまた決して完全に純粋ではない」（PE § 315）。これらの引用箇所から分かるのは、ヴォルフが感官と構想力を離れた悟性だけによる対象認識の可能性を認めていなかったということである。

五．「統覚 Apperzeption」はもともとドイツ語のうちにあった用語ではないが、認識の成立に関わる重要な用語であるので、ここで取り上げることにする。この語は、『ドイツ語の形而上学』のインデックスには見出し語として記載されていない。バウマンの『ヴォルフの概念規定』（1910）では、「自己意識 Selbstbewußtsein」（Bau S. 17ff.）と一つの項目を成している。言葉の成り立ちからみるならば、「統覚」は、「知覚 Perzeption」を前提とし、そのうえでこれに「付加 ad」されるはたらきである。換言すれば、統覚は知覚という第一次的なはたらきを前提とし、これに付加される第二次的な把握ないし意識の活動である。ルードヴィキの「対照表」には、「意識 Bewußtsein」「自己意識」„Apperzeption" はみられない。マイスナーは、ラテン語のまま „Apperceptio" を項目として立てている（Meis S. 27）。『合理的心理学』で、ヴォルフは以下のように述べている。「統覚は、部分的な知覚の明晰性から生成する。というのもそこで心は同時に知覚された諸々の事物を意識するからである」。[22] ここでもまた、統覚が知覚を前提として成立することを確認できる。また、『経験的心理学』には、次のような説明がみられる。「精神が自らの知覚を意識する限り、精神には統覚が付与される」（PE § 25）。「統覚」は、外的対象へと向かう意識そのものを対象化する意識であり、反省的な意識である。ラテン語「統覚 Apperceptio」について、マイスナーは以下のように述べている。「この用語はライプニッツ氏が最初に用いたものであり、その意味するところは、心が自己の意識とともに何ものかを表象する〔…〕、ないしは、自らが表象しているところのものを心が同時に自覚する〔…〕ということである」（Meis S. 27）。ここでの叙述から、「統覚」が対象へと向かう意識に随伴する意識、ないしは対象意識に対して反省意的にはたらく意識として理解されていたことが分かるだろう。ここでマイスナーはこのタームがライプニッツの思索から生まれたものであることを明示しており、彼がヴォルフのテクストだけを資料としていたのではなく、その思索のルーツについても考察していたことが分かる。マイスナーにはヴォルフの独自性を明らかにするということだけでなく、彼のテクストのうちにライプニッツの思索の刻印を見い出そうとする意図があったのかもしれない。

六．「理性 Vernunft」には、『ドイツ語の形而上学』のインデックスでは „Ratio"（S.[676]）があてられており、ルードヴィキの「対照表」でもまた、„ratio"（Lud S. 87）があてられている。この「対照表」のラテン語の項目 „ratio" には „Vernunft"

とともに „Grund“ があげられ、「充足根拠律 Rationis sufficientis principium, Satz des zureichenden Grundes」（Lud S. 97）が付記されている。ここでは根拠律が理性に帰属すること、理性の原理であることが、明確に示されている。マイスナーもまた „Vernunft“ の項目に „ratio“ をあてている（Meis S. 644）。『ドイツ語の形而上学』では以下のように述べられている。「推論する術が示すのは、諸々の真理が相互に結合していることである。〔…〕私たちが諸々の真理の連関のうちにもつ洞察、ないしは諸真理の連関を洞察する能力は、理性と名付けられる。」（DM § 368）。理性はここで諸々の真理、すなわち真として認められた諸認識の、相互連関を洞察する能力とされている。ここでの記述にしたがえば、既にできあがった一連の真なる認識がここでは前提されており、そのうえでこれら個々の認識の間にその連関を読み取る能力として理性が位置づけられている。すなわち、理性は直接に感性的な対象に関わる能力ではない。先にみた感官、構想力、悟性といった能力が、少なくとも個別的な認識を生み出す脈絡でも働く能力であるのに対して、理性は、個別的な認識が既に成立しており、その真理性についての評価が定まっていることを前提とし、そのうえではじめてはたらく能力である。マイスナーの辞書には次のような記述がみられる。「理性は、私たちが諸々の真理の連関のうちにもつ洞察である」（Meis S. 644）。また、『経験的心理学』には、以下のような記述がみられる。「理性は、一般的な諸々の真理の結びつきを洞察する、ないしは見通す能力である。」（PE § 483）。「理性に即しているまたは一致しているとは、認識された諸々の真理と、ないしは一般的な真なる諸命題と結合している、ということである。理性に反しているとは、一般的な諸々の真理に矛盾しているということである」（PE § 485）。

推論の能力としての理性は、以下のようにも説明されている。「理性を介して認識されるものは、私たちが既に知っているところの他の諸命題から推論されるかまたは諸判断と諸定義から推論されるか、いずれかである」（PE § 494）。「もし私たちが推論において、ア・プリオリに知られている諸定義と諸命題以外の何ものも許容しないならば、理性は純粋である〔…〕算術、幾何学、代数学における純粋理性」（PE § 495）。純粋な理性のもとにヴォルフがどのような認識のはたらきを考えていたのかが、ここでの記述から理解できる。純粋理性とは、幾何学や代数学においてはたらく論理的思考に他ならない。約半世紀後カントが「純粋理性」という用語を用いて新たな哲学を構築するに至る前史の一端をここに読み取ることができる。

以上は、認識に関わる主な能力についてヴォルフが用いたターミノロジーから抜粋したものである。これらは、彼の用いたドイツ語の用語のほんの一部にすぎない。ヴォルフのテクストにみられるターミノロジーを明確にすることは、ドイツ語での思索の始源を解明し、ドイツ語での思索について考察するに際しては不可避のテーマである。今後の課題とさせていただきたい。

後注

1 Werner Schneiders, *Das Zeitalter der Aufklärung*, München ^{5}2014(^{1}1997), S. 17; ヴェルナー・シュナイダース『啓蒙の時代』河村克俊、嵩原英喜、西章 訳、晃洋書房、二〇一四年、一四頁。

2 Gottfried Wilhelm Leibniz, *Monadologie* (Mon), hrsg. von H.Herring, Hamburg 1982, § 32. ライプニッツは専門家を念頭に叙述するに際してはラテン語を、自らのパトロンや広範な読者層を念頭に執筆するときはフランス語を用いていたようである。例えば、専門的な自然学を扱う『動力学試論』（第二章 注14を参照）はラテン語で、自らの支援者のために書いたとされる『モナドロジー』はフランス語で書かれている。

3 Christian Wolff, *Vernünfftige Gedancken von Gott, der Welt und der Seele des Menschen, auch allen Dingen überhaupt* (DM), Halle ^{11}1751(^{1}1719);WW I. 2.

4 Chr. Wolff, DM, Introduction von Charles A. Corr, S. 1. 編者コールによれば一二版は一七五二年に出ている。

5 Chr. Wolff, *Der vernünfftigen Gedancken von Gott, der Welt und der Seele des Menschen, auch allen Dingen überhaupt, Anderer Theil, bestehend in ausführlichen Anmerkungen...*, Frankfurt a.M. ^{2}1733 (^{1}1724); WW I.3.

6 Heinrich Adam Meißner, *Philosophisches Lexicon aus Christian Wolffs sämtlichen deutschen Schriften*(Meis), Halle 1737; Neudruck, Düsseldorf 1970.

7 Carl Günther Ludovici, *Ausführlicher Entwurf einer vollständigen Historie der Wolffischen Philosophie*(Lud), 3. Bde, Leipzig 1735-1738; WW III. 1.1, 1.2, 1.3., insbes. 1.1.

8 ヴォルフは一七二三年にハレならびにプロイセンからヘッセンのマールブルクへ亡命し、その地の大学で教育ならびに学術活動を行った。それぞれ数巻からなるラテン語での『形而上学』『倫理学』『自然法』などはマールブルク時代の作品である。その後一七四〇年に、その年プロイセンの統治者となったばかりのフリードリッヒ二世の勅令により、ハレに帰還している。

9 Vgl. Wolfgang W. Menzel, *Vernakuläre Wissenschaft. Christian Wolffs Bedeutung für die Herausforderung und Durchsetzung des Deutschen als Wissenschaftssprache*, Tübingen 1996, S. 11, Anm. 12.

10 Johann Heinrich Zedler, *Grosses vollständiges Universal-Lexicon aller Wissenschaften und Künste...* (UL), 64 Bde., Halle u. Leipzig 1732-1750, Suppl. (bis Caq), Halle u. Leipzig 1751-1754; Neudruck, Graz 1961-1964.

11 Artikel „Wolf, Christian" in: *Zedlers Universal-Lexicon*, ibid. Bd. 58, Sp. 549-677. Artikel „Wolfische Philosophie" in: ibid. Bd. 58, Sp. 883-1232.

12 Paul Piur, *Studien zur sprachlichen Würdigung Christian Wolffs*, Halle/Saale 1903, S. 8.

13 Wolff, *Vernünfftige Gedancken von den Kräften des menschlichen Verstandes* (DL), Halle 1713; WW I. 1.

14 Julius Baumann, *Wolffsche Begriffsbestimmungen. Ein Hilfsbüchlein beim Studium Kants* (Bau), Leipzig 1910.

15 以下を参照。「近世哲学の言葉は、デカルトとロックがアイデア（idea）を「表象一般」の意味で用いた用語法によって広範に規定されていた」（ノルベルト・ヒンスケ「カントによる『イデー』概念の根源的意味の習得変容」（河村克俊訳）『批判哲学への途上で――カントの思考の諸道程――』有福孝岳、石川文康、平田俊博 編訳、晃洋書房、一九九六年、一〇二頁。また以下も参照。KrV B 370/A 313.

16 「類似性」についてヴォルフは以下のように述べている。「類似性とは、それによって諸々の事物が認識され、また互いに区別されるべきもの〔特徴〕の一致である」（DM § 18）。表象と事物の対応関係という脈絡で「類似性」がどのような意味をもつのかは、この説明からだけでは明確にならない。

17 以下を参照。Artikel „repraesentatio" in: *Ausführliches Lateinisches-Deutsches Handwörterbuch...*, von K.E. Georges, zweiter Band, Hannover 1972, Sp. 2329.

18 ロックへの言及については以下を参照。DL, S. 107f., 207f., 216. また『ドイツ語の論理学』の編者アルントは、第一章ならびに第八章に付した註で、ヴォルフがロックの認識論を踏まえていることを確認している。以下を参照。DL, S. 259, Anm. 6; S. 271, Anm.1.

19 以下を参照。Piur, ibid., S. 75.

20 ピウによれば、この語は既に先行するJ・G・ショッテリウスの文献にみられ、古くはマイスター・エックハルトが „bilderinne" という語を同じ意味で用いていた。以下を参照。P. Piur, ibid. S. 67.

21 Wolff, *Psychologia empirica methodo scientifica pertractata* (PE), Frankfurt & Leipzig ^{2}1738 (^{1}1732) § 92; WW II. 5.

22 Wolff, *Psychologia rationalis methodo scientifica pertractata* (PR), Frankfurt & Leipzig 1740 § 20; WW II. 6.

初出一覧

第一章　「ツェードラーの『万有事典』、ヴァルヒの『哲学辞典』にみる充足根拠律」（『言語と文化 第19号』2016.03, pp. 79-97）.
第一章付論　「フェーダーの根拠律解釈と自由概念」（『言語と文化 第18号』2015.03, pp. 75-92 のうち pp. 76-77）.
第二章　「カントにおける充足根拠律の変容」（『言語と文化第20号』2017.03, pp. 53-71）.
第三章　「善意志とその起源──カント前批判期の『ボニテート』概念」（『言語と文化 第12号』2009.03, pp. 133-153 のうち pp. 133-145）.
第四章　「実践理性の「自律」とその二つの位相」（『言語と文化 第13号』2010.03, pp. 147-165）.
第五章　「批判期カントの自由概念」（関西学院大学法学部『外国語・外国文化研究 XIX』2023.03 pp.1-69 のうち pp. 1-49）.
第六章　「カントの歴史哲学──『世界市民的見地からみた普遍史の理念』」（『言語と文化 第27号』2024.03, pp. 137-152）.
第七章　「ドイツ啓蒙のプログラム理念」（『言語と文化 第28号』2025.03. pp. 125-140）.
付　論　「ヴォルフの著書にみるドイツ語の諸概念──認識に関わるターミノロジー」（『言語と文化 第22号』2019.03, pp. 57-78）.

あとがき

本書は、勤務先である関西学院大学の二つの紀要に掲載した論稿から、一八世紀ドイツ哲学に関する九編を選び、改稿して纏めたものである。紀要は、言語教育研究センターの『言語と文化』ならびに法学部・外国語研究室の『外国語外国文化研究』であり、詳細は「初出一覧」に記載した通りである。一八世紀ドイツ哲学・思想史の脈絡のうちにカントを読むという方法は、留学時代の恩師ノルベルト・ヒンスケ教授の研究スタイルから学んだものであり、拙いながらこれを受け継ぐものである。ヒンスケ先生の演習で最初にご教授いただいたのは、「発展史」という考え方だった。手元にある一九八五年一一月のある演習のプロトコール文によれば「広義の発展史」は、「理念史」「問題史」「源泉史」「狭義の発展史」「概念史」に分かれる。「理念史」では、カントの「自分で考える Selbstdenken」という概念（理念）ついて、哲学史の淵源にはプラトンの『テアイテトス』にみられる「産婆術」のあること、同時代では「折衷主義」「成年」といった概念（理念）とともに考察する必要のあることが指摘されている。「問題史」では、若きカントが思索を行った時代の状況を理解することが求められ、自由概念を例に、当時の哲学史の脈絡にみられる「充足根拠律」、行為の「帰責可能性 Imputabilität」そして「自発性」といった概念を考察することの必要性が説かれている。「源泉史」では、カントが自由の問題の重要性を誰のどのテクストから学んだのか、ということが主題とされていた。同プロトコール文によれば、クルージウスの『根拠律論』（1743）からカントは自由概念にまつわる問題を学んだようである。当時はまだドイツ語が理解できず、先生のお話や授業の内容もその重要な部分についてはほとんど把握できなかった。授業内容を纏めるプロトコール文があったおかげで、何とか要点だけでも理解することができた次第である。その後、さらに何年かを経てようやく学位論文のテーマが具体化し、資料収集を始めた頃、先生から国際カント学会で研究発表することを打診された。断るという選択肢のない、有無を言わせないような打診だった。そして一九九〇年春、マインツで開催された第七回国際カント学会で「カントにおける絶対的自発性概念の形成」という発表をさせていただいた。そして、この発表原稿が学位論文の出発点となる。その頃はまったく意識していなかったけれども、今読み返してみると、この八五年秋のプロトコール文がマインツでの発表や学位論文執筆の端緒となっているように思われる。このプロトコール文に戻るならば、「狭義の発展史」では、『形而上学的認識の第一諸原理の新解明』（1755）の第二章と『純粋理性批判』の「第三アンチノミー」をテクストとして、カントの自由概念理解の変遷を考察することが事例としてあげられている。これもまた自分の学位論文に直接関わるテーマだった。そして「概念史」では、この概念がさらに「概念の起源」と「概念の発展史」に区分される。ヒンスケ先生の研究方法を説明するにあたってはこの「概念史」という名称のほうが「発展史」よりもよく用いられているように思われる。いずれにしても先生の演習に参加し、その方法を学んだことが、自分の研究スタイルを決定することになったことは間違いない。

先生の授業では、ヨーロッパの一八世紀の人々は、未来に対して明るい希望をもっていた、ということを繰り返し何度もお聞きした。一九八〇年代後半のことである。当時のドイツは未だ東西に分かれており、米軍やフランス軍の戦闘機が上空を横切るとき、大教室の講義では先生の声が聞こえなくなることがあった。そんなとき、冷戦下の緊張を肌で感じる思いがしたように記憶する。再統一への道は未だまったくみえていなかった。そのような状況下でオプティムズムについて話されたわけである。最初、お話を聞いた時には、なぜ一八世紀の人々が未来に対して明るい希望をもつことができたのか、まったく想像できなかった。その後、「ドイツ啓蒙」に関する講義を聞き、ヴォルフェンビュッテルにある「アウグスト公の図書館」での「一八世紀の歴史意識」というセミナーに参加し、啓蒙に関わる複数のテクストを読む機会があったことで、この点についてようやく少し理解できるようになった。この時代、人間や人間のもつ能力に対する確かな信頼が人々のもとにあり、この信頼がオプティミズムや、未来に対する希望の根底にあったと考えられる。複数の思想家が目的論的世界観をもち、人々は人間ならびに人間社会がよい方向に進んでおり、全体としての世界が次第によくなりつつあると考えていたようである。現在からみると遠い過去の話のように思われる。しかし、希望的な未来像を描くことのできた時代がかつてあり、そのことを私たちは知ることができるのであるから、そこから何かを学ぶこともできるはずである。一八世紀のテクストを読むことを通じて、私たち自身の「啓蒙」、人類社会の「目的」、そして「自由」の真意について、改めて考えること――後付けではあるが、これが本書で試みたことだった。

本書に収録した一部の論稿については、日本ショーペンハウアー協会関西地区研究会で発表させていただいた。竹内綱史氏（龍谷大学）、谷山弘太氏（大阪大学）、太田匡洋氏（沼津工業高等専門学校）をはじめ、ご意見、ご質問いただいた方々に感謝申し上げる。また、長時間に及ぶ何度かの対談を通じて貴重なコメントをいただいた鎌田康男先生に、心より感謝申し上げたい。ヒンスケ先生のもとでほぼ同じ時期に学位論文の口頭試験を受けたクレメンス・シュヴァイガー氏（Prof. Dr. Clemens Schwaiger）からは、この間、複数の貴重なご指摘をいただき、また一八世紀研究に関わる文献や氏自身の最新の論稿など資料の提供をいただいた。記して感謝の意を表したい。ライプニッツに関する不躾な質問に何度もお答えいただいた大西光弘氏（立命館大学）、古いデータの変換についてご尽力いただいたタイムヒル社の時岡洋一氏、本書の草稿にコメントをいただいた浅野貴彦氏（神戸国際大学）に、感謝申し上げる。拙著の出版にあたり今回も関西学院大学から出版助成をいただいた。記して感謝する。また、論稿を纏めて書籍化するにあたり、関西学院大学出版会の戸坂美果さんにたいへんお世話になった。感謝申し上げたい。

先の著書出版のおよそ半年後、二〇二二年九月に母が亡くなった。亡き父と母に改めて感謝の意を表したい。妻と子どもにも、心から感謝する。

二〇二五年一月　六甲アイランドの寓居にて

河村克俊

文献一覧

本文中で書名に略語を用いた文献は、欧文タイトルの後の（　）に省略記号を記している。

一次文献

Achenwall, Gottfried u. Pütter, Johann Stephan: *Elementa Iuris Naturae*, Göttingen 1750, hrsg. u. übers. von Jan Schröder, Frankfurt u. Leipzig 1995.

Baumgarten, Alexander Gottlieb: *Metaphysica*, Halle [4]1754 ([1]1739), übers. von Günther Gawlick u. Lothar Kreimendahl, Stuttgart -Bad Cannstatt, 2011.

——— : *Initia philosophiae practicae primae*, übers. u. hrsg. von Alexander Aichele, Hamburg 2019.

Crusius, Christian August: *Dissertatio philosophica de usu et limitibus principii rationis, vulgo sufficientis*, Leipzig 1743; *Ausführliche Abhandlung von dem rechten Gebrauche und der Einschränkung des sogenannten Satzes vom Zureichenden oder besser Determinierenden Grunde*. Aus dem Lateinischen übersetzt und mit Anmerkungen nebst einem Anhange begleitet von M. Christian Fredrich Krausen〔Leipzig 1744〕; bey dieser zwoten Ausgabe mit anderweitigen Anmerkungen des Herrn Verfassers und einer andern hierher gehörigen Schrifft des Übersetzers auch einem Vorberichte vermehrt von Friedrich Pezold (De usu), Leipzig 1766.

——— : *Entwurf der nothwendigen Vernunft=Wahrheiten, wiefern sie den zufälligen entgegen werden*, Leipzig 1745; Chr. A. Crusius. *Die philosophischen Hauptwerke*, Bd. 2, hrsg. von Giorgio Tonelli, Hildesheim 1964.

——— : *Weg zur Gewißheit und Zuverläßigkeit der menschlichen Erkenntniß* (Weg), Leipzig 1747; Chr. A. Crusius. *Die philosophischen Hauptwerke*, Bd. 3, hrsg. von Giorgio Tonelli, Hildesheim 1964.

クルージウス『決定根拠律の、あるいは通俗的には充足根拠律の使用と限界に関する哲学的考察』山本道雄訳『文化学年報』第九号、神戸大学大学院文化学研究科、一九九〇年.

Darjes, Joachim Georg: *Philosophische Nebenstunden, vierte Abhandlung, in welcher meine Gedanken von dem Satze des zureichenden Grundes den Herrn Doctor Kölbele verteidigt werden*, Jena 1752.

Descartes, René: *Discours de la méthode*, Leyden 1637, übers. u. hrsg. von Lüder Gäbe, Hamburg 1990.

——— : *Meditationes de prima philosophia*, 1641, übers. u. hrsg. von Lüder Gäbe, Hamburg 1990.

——— : *Principia philosophiae*, Amsterdam 1644, transl. by John Veitch〔…〕, London 1975.

Feder, Johann Georg Heinrich: *Grundriß der philosophischen Wissenschaften, nebst der nötigen Geschichte zum Gebrauch seiner Zuhörer* (Gr), Coburg 1767.

——— : *Lehrbuch der praktischen Philosophie*, Göttingen u. Gotha ^{3}1773 (^{1}1769).

——— : *Logik und Metaphysik* (LuM), Göttingen ^{3}1771 (^{1}1769).

Hume, David: *A Treatise of Human Nature*, London 1739-1740, ed. By L. A. Selby-Bigge, Second Edition … by P.H. Nidditch, Oxford 1983.

Kant, Immanuel: *Kant's gesammelte Schriften,* hrsg. von der Königlich Preußischen Akademie der Wissenschaften (und ihren Nachfolgern) (AA) Berlin 1900ff.

——— : *Kants Briefwechsel*, AA Bd. 10 – 13.

——— : *Kants Handschriftlicher Nachlaß*, AA Bd. 14 – 23.

——— : *Was heißt: sich im Denken orientieren?* in :*Berlinische Monatsschrift,* Oktober 1786, AA Bd. 8.

——— : Immnuel Kant.*Werke in sechs Bänden*, hrsg. von Wilhelm Weischedel (WA), Darmstadt ^{6}1983 (^{1}1956-1964).

——— : *Principiorum primorum cognitionis metaphysicae nova dilucidatio* (ND), Königsberg 1755; WA I.

——— : *Träume eines Geistersehers, erläutert durch Träume der Metaphysik*, Königsberg 1766; WA I.

——— : *De mundi sensibilis atque intelligibilis forma et principiis* (De mundi), Königsberg 1770; WA III.

——— : *Kritik der reinen Vernunft* (KrV), Riga ^{1}1781, ^{2}1787 (KrV); WA II.

——— : *Prolegomena zu einer jeden künftigen Metaphysik* (Prol), Riga 1783; WA III.

——— : *Idee zu einer allgemeinen Geschichte in weltbürgerlicher Absicht* (Idee), in: *Berlinische Monatsschrift,* November 1784; WA VI.

——— : *Beantwortung der Frage: Was ist Aufklärung?* (Aufkl), in: *Berlinische Monatsschrift,* Dezember 1784; WA VI.

——— : *Grundlegung zur Metaphysik der Sitten* (GMS), Riga 1785; WA IV.

——— : *Mutmasslicher Anfang der Menschengeschlechte*, in: *Berlinische Monatsschrift,* Januar 1786; WA VI.

——— : *Kritik der praktischen Vernunft* (KpV), Riga, 1788; WA IV.

——— : *Kritik der Urteilskraft* (KU), Berlin u. Libau, 1790; WA V.

——— : *Zum ewigen Frieden. Ein philosophischer Entwurf* (Fried), Königsberg, 1795; WA VI.

——— : *Metaphysik der Sitten. Erster Teil. Metaphysische Anfangsgründe der Rechtslehre* (MSR), Königsberg 1797; WA IV.

——— : *Metaphysik der Sitten. Zweiter Teil. Metaphysische Anfangsgründe der Tugendlehre* (MST), Königsberg 1797; WA IV.

——— : Bemerkungen in den „*Beobachtungen über das Gefühl des Schönen und Erhabenen*“. Neu herausgegeben und kommentiert von Marie Rischmüller (*Kant Forschungen.* Herausgegeben von Reinhard Brandt und Werner Stark Bd.3), Hamburg 1991.

——— : *Immanuel Kant, Vorlesung zur Moralphilosophie* (VMP), hrsg. von Werner Stark, Berlin 2004.

——— :『カント全集』坂部恵、有福孝岳、牧野英二編、岩波書店、一九九九－二〇〇六年.

Lambert, Johann Heinrich: *Anlage zur Architectonic, oder Theorie des Einfachen und des Ersten in der philosophischen und mathematischen Erkenntniß*, 2 Bde., Riga 1771; J. H. Lambert, *Philosophische Schriften*, hrsg. von Hans Werner Arndt, Bd. 3 u. 4, Hildesheim 1965.

Leibniz, Gottfried Wilhelm: *Specimen dynamicum*, erster Teil, in: *Acta Eruditorum* 1695, hrsg. u. übers. von H. G. Dosch, G. W. Most u. E. Rudolph, Hamburg 1982.

——— *Essais de théodicée sur la bonté de dieu, la liberté de l'homme et l'origine du mal*, Amsterdam 1710, hrsg. u. übers. von Herbert Herring, Farnkfurt a. M. 1965.

——— : *Monadologie*, hrsg. u. übers. von H. Herring, Hamburg 1982.

Lessing, Gotthold Ephraim: *Nathan der Weise*, Berlin u.a. 1779, in: *G.E. Lessing, Werke in 8 Bänden*, in Zusammenarbeit mit Karl Eibl, Helmut Göbel, Karl S. Guthke u.a., München 1970-1979, Bd. 2.

Locke, John: *An Essay Concerning Human Understanding*, London 1690, collated and annotated, A.C. Fraser in two vols, London 1980.

Ludovici, Carl Günther: *Ausführlicher Entwurf einer vollständigen Historie der Wolffischen Philosophie* (Lud), 3 Bde., Leipzig 1735-1738; WW III. 1.1, 1.2, 1.3.

——— : *Entwurf einer vollständigen Historie der Leibnizischen Philosophie*, 2 Bde., Leibzig 1737, Neudruck, Hildesheim 1966.

Meier, Georg Friedrich: *Allgemeine practische Weltweisheit* (APW), Halle 1764; WW III. 107.

——— : *Metaphysik. Erster Theil*〔Ontologie〕, Halle ^{2}1765 (^{1}1755); WW III. 108.1.

——— : *Philosophische Sittenlehre*, Erster Theil, Halle ^{2}1762 (^{1}1753) ; WW III. 109.1.

Mendelssohn, Moses: *Ueber die Frage: was heißt aufklären?*, 1784 in: *Was ist Aufklärung? Beiträge aus der Berlinischen Monatsschrift*, ... ausgewählt, eingeleitet u. mit Anmerkungen von Norbert Hinske, Darmstadt 1981.

Platon: *Der Staat*, bearb. von D. Kurz, griechischer Text von E. Chambry, dt. Übers. von F. Schleiermacher, in: *Platon Werke in 8 Bänden*, Gr. u. Dt.,

Band 4., hrsg. von G. Eigler, Darmstadt 1971.

Reimarus, Hermann Samuel: *Abhandlungen von den vornehmsten Wahrheiten der natürlichen Religion*, sechste Aufl. ... begleitet von J. A. H. Reimarus, Hamburg ^{6}1791 (^{1}1754).

Rousseau, Jean-Jacques: *A Discourse on Inequality*, Amsterdam 1755, Translation with an Introduction and Notes by Maurice Cranston, London, New York 1984.

——— : *Emile or On Education*, La Haye 1762, Introduction, Translation and Notes by Allan Bloom, London, New York, 1991.

ルソー『人間不平等起源論』本田喜代治、平岡昇訳、岩波文庫、二〇〇一年.

———『エミール』上・中・下、今野一雄訳、岩波文庫、一九八七年.

Schiller, Friedrich: *Wallenstein. Ein dramatisches Gedicht*, in: *Friedrich Schiller. Werke in drei Bänden*, hrsg. von Herbert G. Göpfert, Bd. 3, Darmstadt 1984.

Schopenhauer, Arthur: *Ueber die vierfache Wurzel des Satzes vom zureichenden Grunde*, Rudolstadt 1813.

ショーペンハウアー『充足根拠律の四方向に分岐した根について』（第一版）、鎌田康男、齋藤智志、高橋陽一郎、臼木悦生訳著『ショーペンハウアー哲学の再構築』法政大学出版局、二〇〇〇年.

Wolff, Christian: *Vernünfftige Gedancken von den Kräften des menschlichen Verstandes* (DL), Halle ^{14}1754(^{1}1713); WW I. 1.

——— : *Vernünfftige Gedancken von Gott, der Welt und der Seele des Menschen, auch allen Dingen überhaupt,* (DM), Halle ^{11}1751(^{1}1719); WW I.2.

——— : *Der vernünfftigen Gedancken von Gott, der Welt und der Seele des Menschen, auch allen Dingen überhaupt, Anderer Theil, bestehend in ausführlichen Anmerkungen...*, Frankfurt a.M. ^{2}1733 (^{1}1724); WW I. 3.

——— : *Vernünfftige Gedancken von der Menschen Thun und Lassen zu Beförderung ihrer Glückseligkeit* (DE), Frankfurt u. Leipzig ^{4}1733 (^{1}1720); WW I.4.

——— : *Discursus praeliminaris de philosophia in genere*, Frankfurt u. Leipzig ^{3}1740 (^{1}1728), übers. u. hrsg. von Günther Gawlick u. Lothar Kreimendahl, Lat. u. Dt. Stuttgart -Bad Cannstatt, 1996.

——— : *Psychologia empirica methodo scientifica pertractata* (PE), Frankfurt u. Leipzig ^{2}1738 (^{1}1732) ; WW II. 5.

——— : *Psychologia rationalis methodo scientifica pertractata* (PR), Frankfurt u. Leipzig ^{2}1740 (^{1}1734) ; WW II. 6.

事典、辞典、人名辞典、文献目録、インデックス

Ausführliches Lateinisch-Deutsches Handwörterbuch (ALDH), ausgearbeitet von K.E. Georges, 2 Bde., 13. Aufl. Hannover 1972.

Baumann, Julius: *Wolffsche Begriffsbestimmungen. Ein Hilfsbüchlein beim Studium Kants*, Leipzig 1910.

Delfosse, Heinrich P. u. Hinske, Norbert hrsg.: *Kant-Index*. Bd. 24: *Seitenindex und* Konkordanz zu den „Bemerkungen zu den Beobachtungen über das Gefühl des *Schönen und Erhabenen“ mit einem Index und einer Konkordanz zu den „Beobachtungen“ selbst als Anhang (Forschungen und Materialien zer deutschen Aufklärung),* Abteilung III, Bd. 31, Stuttgart -Bad Cannstatt 2006.

Greek-English Lexicon, founded upon the seventh edition of Liddell and Scott's Greek-English Lexicon, Oxford 1978.

Klemme, Heiner u. Kuehn, Manfred, hrsg.: *The Dictionary of Eighteenth-Century of German Philosophers* (DGP), 3 Vols., London u.a. 2010.

Meßner, Heinrich Adam: *Philosophisches Lexicon aus Christian Wolffs sämtlichen deutschen Schriften* (Meis), Halle 1737, Neudruck, Düsseldorf 1970.

Rahner, Karl u. Vorgrimler, Herbert hrsg.: *Kleines Theologisches Wörterbuch*, Freiburg ^{16}1988 (^{1}1975).

Regenbogen, Arnim u. Meyer, Uwe hrsg.: *Wörterbuch der philosophischen Begriffe*, Hamburg 2005.

Schneiders, Werner hrsg.: *Lexikon der Aufklärung*, München 1995.

Walch, Johann Georg hrsg.: *Philosophisches Lexicon, worinnen die in allen Theilen der Philosophie vorkommende Materien und Kunstwörter erkläret* ... (Wal), 2 Bde., Leipzig 1726. Mit vielen neuen Zusätzen und Artikeln vermehret... versehen von Justus Christian Hennings, vierte Auflage, Leipzig 1775.

Warda, Arthur: *Immanuel Kants Bücher*, Berlin 1922.

Zedler, Johann Heinrich hrsg.: *Grosses vollständiges Universal-Lexicon aller Wissenschafften und Künste* ...(UL), 64 Bde., Halle u. Leipzig 1732-1750, Suppl. bis Caq, Halle u. Leipzig 1751-1754.

二次文献

Bittner, Rüdiger: „Maximen“ in: *Akten des 4. Internationalen Kant-Kongresses*, Mainz 6-10. Aptil 1974, Bd. II/2 hrsg. von Funke, Gerhardt, Berlin u. New York 1974.

Bojanowski, Jochen: *Kants Theorie der Freiheit. Rekonstruktion und Rehabilitierung*, Berlin u. New York 2006.
ベーメ，ゲルノート『新しい視点から見たカント『判断力批判』』河村克俊監訳，晃洋書房，二〇一八年．
Brandt, Reihard: *Feder und Kant*, in: *Kant-Studien* 80, 1989.
Cassirer, Ernst: *Kants Leben und Lehre*, Berlin 1923, S. 237-243, Neudruck in: *Immanuel Kant, Was ist Aufklärung? Ausgewählte kleine Schriften*, hrsg. von Horst D. Brandt, Hamburg 1999.
——— : *Die Philosophie der deutschen Aufklärung*, Tübingen 1932, Text u. Anmerkungen bearb. von Claus Rosenkranz ..., Hamburg 2007.
Hinske, Norbert: *Kants Weg zur Transzendentalphilosophie. Der dreißigjährige Kant*, Stuttgart u.a.1970.
——— hrsg.: *Zentren der Aufklärung I. Halle. Aufklärung und Pietismus* (*Wolfenbütteler Studien zur Aufklärung*, hrsg. von der Lessing-Akademie) Heidelberg 1989.
——— : „Die tragenden Grundideen der deutschen Aufklärung. Versuch einer Typologie“ in: *Die Philosophie der deutschen Aufklärung*. Texte u. Darstellung von R. Ciafardone. Deutsche Bearbeitung von Norbert Hinske u. Rainer Specht, Stuttgart 1990.
ヒンスケ，ノルベルト『批判哲学への途上で　――カントの思考の諸道程――』有福孝岳，石川文康，平田俊博編訳，晃洋書房，一九九六年．
Horkheimer, Max u. Adorno, Theodor W.: *Dialektik der Aufklärung. Philosophische Fragmente*, New York 1944, Neudruck, Frankfurt a.M. 2002.
河村克俊『カントと十八世紀ドイツ講壇哲学の自由概念』晃洋書房，二〇二二年．
キューン，マンフレッド『カント伝』菅沢龍文，中澤武，山根雄一郎訳，春風社，二〇一七年．
増山浩人『カントの世界論　バウムガルテンとヒュームに対する応答』北海道大学出版会，二〇一五年．
Menzel, Wolfgang W.: *Vernakuläre Wissenschaft. Christian Wolffs Bedeutung für die Herausforderung und Durchsetzung des Deutschen als Wissenschaftssprache*, Tübingen 1996.
Piur, Paul: *Studien zur sprachlichen Würdigung Christian Wolffs*, Halle/Saale 1903.
佐藤次高，木村靖二，岸本美緒他著『詳説世界史』山川出版社，二〇一四年．
Schneiders, Werner: *Das Zeitalter der Aufklärung*, München ^{5}2014 (^{1}1997).
シュナイダース，ヴェルナー『啓蒙の時代』河村克俊，嵩原英喜，西章訳，晃洋書房，二〇二四年．
Schönecker, Dieter: *Kants Begriff transzendentaler und praktischer Freiheit*, Berlin u. New York 2005.
Schönecker, Dieter u. Wood, Allen: Kants „Grundlegung zur Metaphysik der Sitten“. Ein einführender Kommentar, Paderborn 2004.
Schneider, Ulrich Johannes: *Die Erfindung des allgemeinen Wissens. Enzyklopädisches Schreiben im Zeitalter der Aufklärung*, Berlin 2013.

Sturma, Dieter: Kants Ethik der Autonomie, in: Karl Ameriks u. Dieter Sturma hrsg., *Kants Ethik*, Paderborn 2004.
角忍『カント哲学と最高善』創文社、二〇〇八年.
Wundt, Max: *Kant als Metaphysiker*, Stuttgart 1924.
Zeller, Eduard: *Outlines of the History of Greek Philosophy*, 13. ed. rev. by Dr. W. Nestle and transl. by L. R. Palmer, London 1969.

事項索引

人名索引　カントは頻出するため、索引に含まれていない．

【著者略歴】

河村克俊（かわむら　かつとし）
1958年　京都市生まれ
1981年　立命館大学文学部卒業
1983年　関西学院大学大学院文学研究科修士課程修了
　　　　その後、ドイツ・トリーア大学留学　Ph.D.
現在　　関西学院大学大学院言語コミュニケーション文化研究科および法学部教授

主要業績
B. イルガング『医の倫理』共監訳、昭和堂、2003年
『近代からの問いかけ』現代カント研究９、共編著、晃洋書房、2004年
G. ベーメ『新しい視点から見たカント『判断力批判』』監訳、晃洋書房、2018年
『インターネットとヘイトスピーチ』共編著、明石書店、2021年
『カントと十八世紀ドイツ講壇哲学の自由概念』晃洋書房、2022年

関西学院大学研究叢書　第 272 編

カントと啓蒙の時代

2025 年 3 月 31 日 初版第一刷発行

著　者　河村克俊

発行者　田村和彦
発行所　関西学院大学出版会
所在地　〒 662-0891
　　　　兵庫県西宮市上ケ原一番町 1-155
電　話　0798-53-7002

印　刷　株式会社クイックス

Printed in Japan by Kwansei Gakuin University Press
ISBN 978-4-86283-395-2